Administração e empreendedorismo

Princípios, ferramentas e práticas

Dados Internacionais de Catalogação na Publicação (CIP)
(Claudia Santos Costa - CRB 8ª/9050)

Silva, Mariana Bueno da
Administração e empreendedorismo : princípios, ferramentas e práticas / Mariana Bueno da Silva, Sônia Regina Valério do Sacramento. – São Paulo : Editora Senac São Paulo, 2025.

Bibliografia.
ISBN 978-85-396-5394-2 (impresso/2025)
e-ISBN 978-85-396-5395-9 (ePub/2025)
e-ISBN 978-85-396-5396-6 (PDF/2025)

1. Administração de empresas. 2. Administração estratégica. 3. Administração de projetos. 4. Gestão da qualidade. 5. Empreendedorismo. I. Sacramento, Sônia Regina Valério do. II. Título.

25-2399c CDD – 658.4
BUS041000
BISAC BUS025000

Índice para catálogo sistemático:

1. Administração de empresas : Empreendedorismo 658.4

Mariana Bueno da Silva
Sônia Regina Valério do Sacramento

Administração e empreendedorismo

★★★★★

Princípios, ferramentas e práticas

Editora Senac São Paulo – São Paulo – 2025

Administração Regional do Senac no Estado de São Paulo

Presidente do Conselho Regional: Abram Szajman
Diretor do Departamento Regional: Luiz Francisco de A. Salgado
Superintendente Universitário e de Desenvolvimento: Luiz Carlos Dourado

Editora Senac São Paulo

Conselho Editorial: Luiz Francisco de A. Salgado
Luiz Carlos Dourado
Darcio Sayad Maia
Lucila Mara Sbrana Sciotti
Luís Américo Tousi Botelho

Gerente/Publisher: Luís Américo Tousi Botelho
Coordenação Editorial: Verônica Marques Pirani
Prospecção: Andreza Fernandes dos Passos de Paula, Dolores Crisci Manzano, Paloma Marques Santos
Administrativo: Marina P. Alves
Comercial: Aldair Novais Pereira
Comunicação e Eventos: Tania Mayumi Doyama Natal

Edição e Preparação de Texto: Lucia Sakurai
Coordenação de Revisão de Texto: Marcelo Nardeli
Revisão de Texto: Meggie C. Monauar
Projeto Gráfico, Capa e Editoração Eletrônica: Antonio Carlos De Angelis
Impressão e Acabamento: Gráfica Serrano

Editora Senac São Paulo
Av. Engenheiro Eusébio Stevaux, 823 – Prédio Editora
Jurubatuba – CEP 04696-000 – São Paulo – SP
Tel. (11) 2187-4450
editora@sp.senac.br
https://www.editorasenacsp.com.br

Sumário

Prefácio

No atual cenário, caracterizado por rápidas mudanças tecnológicas, alterações no comportamento do consumidor e um mercado cada vez mais globalizado, as organizações estão em constante processo de reinvenção. Nesse contexto, a administração e o empreendedorismo tornam-se fundamentais para o sucesso de empresas e profissionais que desejam se destacar. Além disso, a conformidade com regulamentações, como a Lei Geral de Proteção de Dados Pessoais (LGPD), é indispensável para garantir a sustentabilidade, a credibilidade e a competitividade das organizações.

A obra *Administração e empreendedorismo: princípios, ferramentas e práticas* é um convite para aqueles que desejam compreender os conceitos essenciais da administração e aplicá-los de forma estratégica e inovadora. Com uma abordagem didática e abrangente, as autoras Mariana Bueno da Silva e Sônia Regina Valério do Sacramento estruturam o livro de maneira a guiar o leitor por um percurso progressivo, desde os fundamentos teóricos até as práticas que impactam a rotina das organizações.

A obra começa com uma imersão nas bases da administração e passa pelas principais teorias e abordagens que influenciaram a evolução do pensamento administrativo. Em seguida, explora a administração estratégica ao abordar ferramentas essenciais para a formulação de planos de ação e tomada de decisão. A administração de projetos também ganha um espaço relevante com insights sobre metodologias, princípios e ferramentas aplicadas para garantir eficiência e sucesso na execução de iniciativas empresariais.

Na sequência, são apresentadas as áreas funcionais da administração – gestão de pessoas, logística, finanças, marketing e comercial – e como cada uma delas contribui para a harmonia e o crescimento das organizações. O livro também dedica um capítulo à gestão da qualidade, explorando processos, certificações e metodologias que asseguram a excelência dos produtos e serviços oferecidos e garantem melhorias contínuas e adequação às demandas do mercado.

Por fim, o empreendedorismo é tratado com a devida relevância, destacando-se a importância da atitude empreendedora, da inovação e do planejamento estratégico para transformar ideias em negócios sustentáveis e bem-sucedidos. O leitor será conduzido a refletir sobre os desafios e as oportunidades do ecossistema empreendedor e a compreender os diferentes tipos de empreendedores e suas abordagens.

Ao longo de suas páginas, a obra oferece não apenas um rico panorama sobre administração e empreendedorismo, mas também um instrumental prático para profissionais, estudantes e gestores que buscam aprimorar suas competências e gerar impacto positivo em suas organizações.

Eu gostaria de expressar minha profunda gratidão às especialistas Mariana Bueno da Silva e Sônia Regina Valério do Sacramento, cuja expertise, dedicação e compromisso com a excelência, olhar atento e vasta experiência foram cruciais para assegurar que este livro seja, ao mesmo tempo, acessível e enriquecedor para todos os leitores.

Que esta leitura seja uma fonte de inspiração e conhecimento, auxiliando você a navegar pelos desafios da administração e do empreendedorismo com confiança e visão estratégica.

Escrever este prefácio foi um privilégio, e espero que esta obra seja tão enriquecedora para você quanto foi para mim. Aproveite a leitura!

ELIZABETH RIBEIRO

Técnica de desenvolvimento profissional do Senac São Paulo

Apresentação

Você já se perguntou como a administração pode impactar sua vida ou o sucesso de uma organização? Pensou sobre o percurso histórico que levou ao desenvolvimento das organizações modernas? Observou como as rápidas transformações estão moldando o futuro das organizações? Refletiu sobre o processo administrativo desafiador necessário para que uma organização continue competitiva no mercado?

Neste livro, vamos levar você a uma jornada administrativa, uma viagem multifacetada e contínua em direção à eficiência e ao sucesso. Começaremos com uma base sólida de conceitos e teorias da administração, evoluindo para a administração estratégica, que servirá como guia, estabelecendo a visão e a missão da organização enquanto esta se adapta a mudanças internas e externas, com projetos mais flexíveis e ágeis, ancorados na administração de projetos. Passaremos pelas áreas da administração, como gestão de pessoas, logística, finanças, marketing e comercial, fundamentais para alcançar de forma eficiente e eficaz os objetivos e as metas estabelecidas pela organização, enquanto a gestão da qualidade garante que os padrões sejam mantidos e continuamente melhorados. Finalmente, alcançaremos a mentalidade e as atitudes empreendedoras, que, acompanhadas de inovação e criatividade, impulsionam a organização para além do sucesso imediato, assegurando um futuro sustentável e próspero.

Embarque conosco nessa jornada fascinante e inspiradora de administração e empreendedorismo.

Boa leitura!

1 Introdução à administração

Você já parou para pensar no impacto que a administração pode causar na sua vida ou em uma organização?

Seja qual for sua resposta agora, vamos refletir. Anote tudo o que pensar!

O que é administração? Em quais momentos do seu cotidiano você identifica a administração?

Com origem no século XX, administração é o processo de planejar, organizar, dirigir e controlar os recursos de forma eficiente e eficaz para que uma organização possa alcançar de forma substancial seus objetivos e metas. É essencial para o sucesso de qualquer pessoa ou empresa, pública, privada ou do terceiro setor, independentemente de seu tamanho (grande, média, pequena ou microempresa) ou das atividades exercidas (produção de bens ou prestação de serviços).

O administrador é o responsável por gerir de forma racional os recursos e as atividades de uma organização, além de inovar e renovar buscando melhoria contínua e a sustentabilidade do negócio. Como em qualquer outra ocupação, os profissionais administradores têm direitos (gerenciar recursos, tomar decisões, delegar tarefas, etc.) e deveres (cumprir leis, normas e regulamentos, realizar uma gestão responsável dos recursos, prestar contas sobre o desempenho da organização, identificar e mitigar riscos, manter a confidencialidade e o sigilo das informações, entre outros) que são de extrema importância para garantir uma gestão eficaz e ética e que promova o desenvolvimento sustentável da organização.

Planejar, organizar, dirigir e controlar são funções que formam o processo administrativo. Podem ocorrer separadamente, mas são interligadas na prática administrativa, conforme demonstrado na figura 1.1. Essas funções representam os pilares sobre os quais a administração moderna é construída.

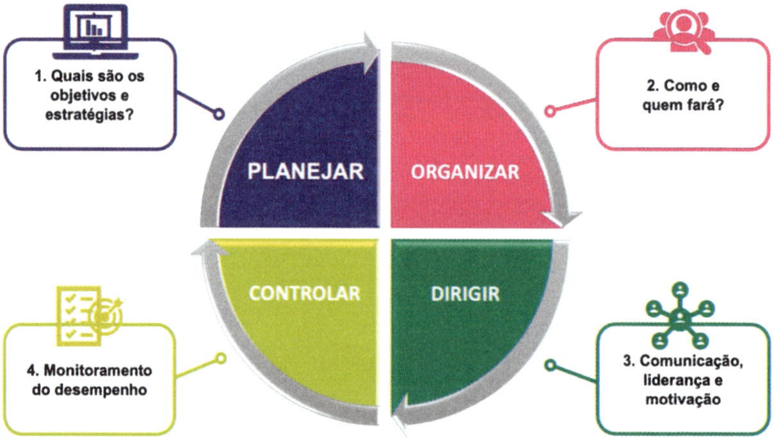

Figura 1.1 – Funções da administração

- » **Planejar:** é a função que define os objetivos e as estratégias para alcançá-los. O planejamento pode ocorrer em três níveis organizacionais: estratégico, tático e operacional.
- » **Organizar:** é a função responsável por estruturar e definir como as tarefas serão realizadas e quais recursos serão alocados e coordenados para realizar o que foi planejado.
- » **Dirigir:** é a função direcionada para a comunicação, liderança, motivação, influência e orientação das pessoas para se alcançar o planejamento com eficiência e eficácia.
- » **Controlar:** é a função de monitoramento e avaliação do desempenho organizacional para assegurar que o que foi planejado, organizado e dirigido cumpriu os objetivos pretendidos.

Agora que entendemos um pouco mais sobre esse processo administrativo, vamos colocá-lo em prática na sua vida pessoal?

★ PARA REFLETIR

Pense em um objetivo que você tenha. Na sequência, imagine os caminhos que precisará percorrer para alcançá-lo, ou seja, quais serão suas metas. Feito isso, organize como será feito, quando, como, onde e quanto custará. Durante a caminhada poderão surgir desafios. Nessas horas, pense na direção do seu objetivo e na motivação para alcançá-lo, e não se esqueça de controlar, monitorar e avaliar constantemente tudo o que estruturou. Se precisar, replaneje e lembre-se de que essas funções, apesar de estarem interligadas, podem ocorrer separadamente.

Compreender a evolução da administração e das teorias e abordagens em que está embasada é de suma importância para administrar uma organização, visto que fornecem um arcabouço de conhecimentos complexos que buscam elucidar e sistematizar métodos, práticas e princípios que orientam a administração e gestão das organizações.

Vamos compreender o caminho que a história fez para chegarmos ao tipo de organização que temos hoje?

Evolução das teorias administrativas

Ao tratar das teorias da administração, encontramos várias linhas de estudo e diferentes tipos de abordagem, que dependem da escola, do período, do desafio e da complexidade de cada situação e de como o ambiente respondeu quando provocado por elas. Segundo Chiavenato (2014), cada teoria enfatiza ou privilegia uma ou mais entre seis variáveis: tarefas, estrutura, pessoas, ambiente, tecnologia e competitividade. Cada uma dessas variáveis marcou e provocou um avanço no desenvolvimento da Teoria geral da administração (TGA).

Este livro não busca defender esta ou aquela teoria, mas apresentar um histórico que ofereça uma visão ampla da evolução das teorias da administração e das revoluções industriais. A seguir, vamos conhecer o caminho que a sociedade percorreu para chegar ao formato de administração que temos hoje.

Revoluções Industriais e as teorias da administração

Considera-se que a Primeira Revolução Industrial ocorreu no fim do século XVIII, período marcado por transformações econômicas, políticas, tecnológicas e sociais que provocaram mudanças maiores do que as ocorridas no século anterior.

Com a máquina a vapor criada por James Watt, surgiu uma nova concepção de trabalho, aplicada à produção. As empresas não eram como as que conhecemos hoje: o trabalho era, em sua maioria, feito manualmente, com pouca utilização de máquinas, não havia divisão de trabalho e a produção era pequena e distribuída apenas nos mercados regionais. Com a Primeira Revolução Industrial, também conhecida como revolução do carvão e do ferro, essa realidade se transformou.

A humanidade estava mudando, e as empresas também. A era da industrialização transformou nossa maneira de viver, interagir e trabalhar. As empresas se desenvolveram, cresceram e começaram a alcançar novos mercados, e então surgiram concorrentes, o que trouxe a necessidade de uma produção em larga escala, ou seja, máquinas, mais pessoas, mão de obra especializada e a administração de todos esses recursos. Cada época foi afetada por desafios e motivações, o que motivou o acontecimento de novas revoluções e o surgimento de outras teorias da administração.

Para compreender um pouco mais a evolução nessa área de conhecimento, apresentamos o quadro 1.1, que demonstra as cinco Revoluções Industriais, o período e as principais contribuições de cada uma.

Quadro 1.1 – Evolução das Revoluções Industriais

Revolução	Período	Principais contribuições
1ª Revolução Industrial	1760 a 1860	Esse período foi marcado por grandes transformações econômicas e sociais, com a transição de métodos de produção manuais e artesanais para a produção mecanizada em fábricas com máquinas a vapor, teares mecânicos e melhorias na produção de ferro.
2ª Revolução Industrial	1860 a 1914	Esse foi um período de avanços significativos na tecnologia e na produção industrial, incluindo a eletricidade, o motor à combustão interna, o telefone, o telégrafo, a produção em massa e o uso do aço, da eletricidade e do petróleo.
3ª Revolução Industrial	1950 a 2010	Essa época teve avanços digitais importantes que são percebidos até hoje, apesar de terem perdido espaço, em 2010, para a 4ª Revolução Industrial. As principais contribuições foram no campo da tecnologia, como desenvolvimento de computadores, internet, comunicações digitais e eletrônicas, telecomunicações, tecnologia da informação, automação, robótica e manufatura.
4ª Revolução Industrial	2010 até o presente	Esse momento é caracterizado pela integração de tecnologias físicas, digitais e biológicas. Suas principais características e avanços incluem: internet das coisas (IoT), inteligência artificial (IA), big data, análise de dados, impressão 3D, biotecnologia, nanotecnologia, robótica avançada, realidade aumentada e virtual e computação em nuvem. Essa revolução está causando mudanças significativas nos modelos de negócios, na economia e na sociedade.

(cont.)

Revolução	Período	Principais contribuições
5ª Revolução Industrial	2017 até o presente	Essa nova fase é caracterizada pela colaboração entre humanos e máquinas, visando equilibrar avanços tecnológicos com a necessidade de um desenvolvimento humano mais centrado, sustentável e inclusivo, integrando os conhecimentos, a criatividade e as habilidades humanas com a eficiência das máquinas.

No Brasil, apesar dos avanços da ciência e da tecnologia, o progresso ainda anda a passos lentos. Diferentes setores estão se esforçando para se tornarem mais eficientes, integrando tecnologias físicas, digitais e biológicas, e promovendo a colaboração entre humanos e máquinas com o objetivo de equilibrar o desenvolvimento tecnológico com a necessidade de crescimento humano. Atualmente, estamos vivenciando simultaneamente a quarta e a quinta revolução industrial, e já há indícios de que a sexta revolução está se aproximando.

★ PARA REFLETIR

Observando o quadro 1.1 é possível notar que na primeira, segunda e terceira Revoluções Industriais a humanidade teve muito tempo para se adaptar às mudanças e evoluções que ocorreram, porém, hoje vivenciamos as transformações de duas revoluções ao mesmo tempo. Isso não é fascinante?

Como você está se preparando para tantas mudanças?

Agora que compreendemos um pouco mais as cinco Revoluções Industriais, o período e as principais contribuições de cada uma, apresentamos a figura 1.2, em formato de mapa mental, com as principais abordagens da administração, teorias e estudos sistematizados e aplicados no ambiente organizacional.

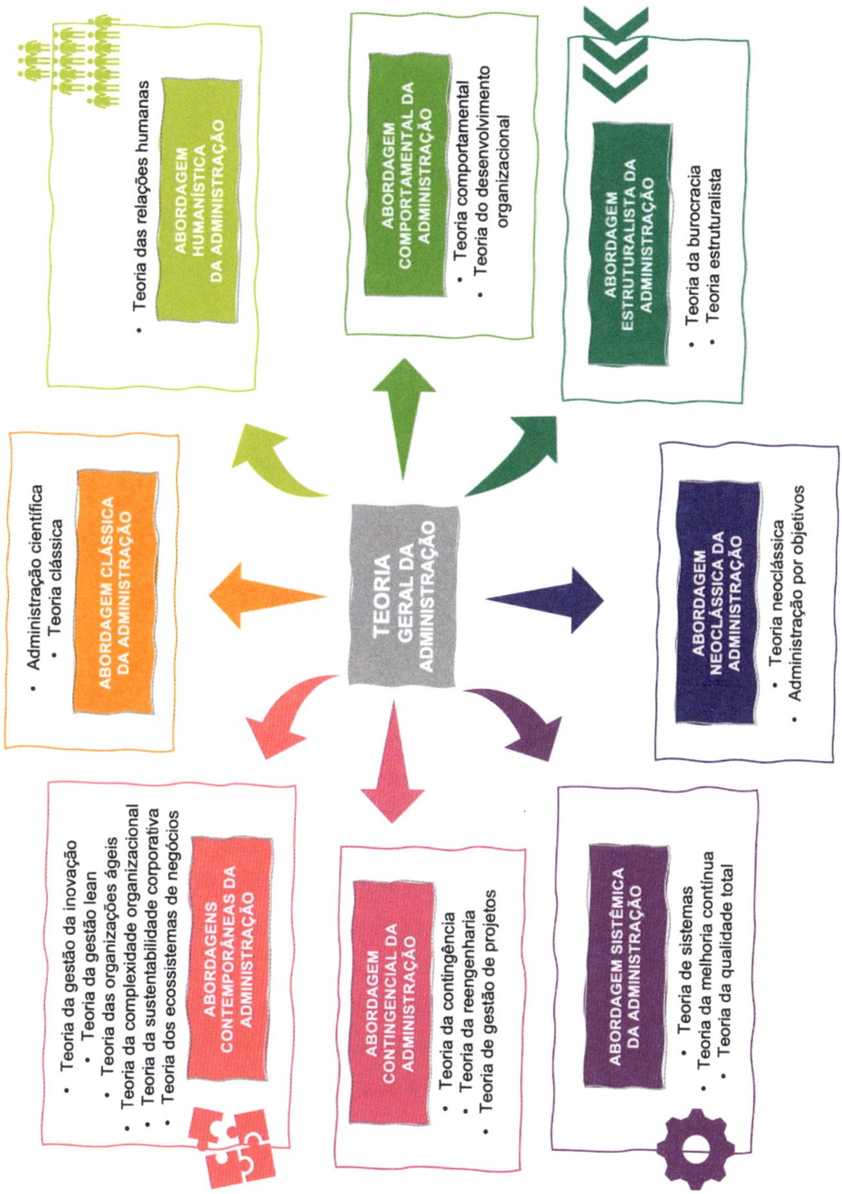

Figura 1.2 – Mapa mental das abordagens, teorias e estudos da administração

Para compreender melhor tais abordagens, teorias e estudos, apresentamos a seguir uma breve explicação sobre cada um dos temas abordados na figura 1.2.

★ **IMPORTANTE**

Reflita sobre esse mapa mental e, ao estudar cada abordagem, anote as principais contribuições. Se desejar, faça um novo mapa mental acrescentando suas reflexões. Assim, ficará mais fácil entender qual o caminho que as organizações percorreram até os dias atuais.

Abordagem clássica da administração

A abordagem clássica da administração começou no final do século XIX e início do século XX e teve origem em um conjunto de teorias e ideias desenvolvidas como resposta às necessidades das organizações industriais em expansão. Destacaremos aqui as duas principais teorias dessa abordagem.

Administração científica

A administração científica é considerada a primeira teoria da administração e teve como fundador Frederick Taylor. Essa teoria, focada na aplicação de métodos científicos para aumentar a eficiência e a produtividade nas organizações industriais, caracterizava-se pela ênfase na tarefa realizada pelo operário. A evolução do pensamento de Taylor é dividida em dois períodos: o primeiro se concentrou na racionalização do trabalho dos operários, e o segundo, na estrutura organizacional e supervisão da força de trabalho com a aplicação de métodos científicos. As críticas a essa teoria são inúmeras, o que não apaga o fato de que a administração científica foi pioneira e importante para a criação das teorias da administração. Henry Ford, fundador da empresa de automóveis Ford, sofreu forte influência dessa teoria e é considerado um dos mais bem-sucedidos seguidores da administração científica.

Teoria clássica

A teoria clássica foi iniciada por Henri Fayol, que definiu as funções básicas da empresa (técnicas, comerciais, financeiras, de segurança, contábeis e administrativas), o conceito de administração (prever, organizar, comandar, coordenar e controlar) e os princípios gerais da administração (informações de como o administrador deve proceder em todas as situações organizacionais) a serem aplicados em qualquer tipo de organização formal. Essa teoria se caracterizava pela ênfase na estrutura que a organização deveria ter para ser eficiente e os princípios universais da administração.

Abordagem humanística da administração

A abordagem humanística da administração teve início na década de 1930 e enfatizava a importância da individualidade, da liberdade e da capacidade de autoatualização do indivíduo, ou seja, a importância das pessoas nas organizações, ao considerar suas potencialidades, motivações e necessidades.

Teoria das relações humanas

A teoria das relações humanas nasceu da experiência de Hawthorne, ocorrida na fábrica da Western Electric Company, situada em Chicago, coordenada por Elton Mayo. A experiência de Hawthorne durou de 1927 a 1932 e marcou o início de uma teoria baseada nos valores humanísticos da administração ao demonstrar que a motivação e a produtividade dos funcionários aumentavam à medida que eles sentiam que suas considerações e opiniões eram valorizadas na organização. Dessa forma, tornou-se indispensável que as organizações e seus administradores considerassem as necessidades humanas e sociais dos seus trabalhadores.

Abordagem comportamental da administração

A abordagem comportamental, também chamada de behaviorista, marca a influência das ciências comportamentais na teoria da administração e busca novas soluções para os problemas organizacionais. Essa abordagem foca em entender como as pessoas se comportam dentro das organizações e como isso pode ser gerenciado para melhorar a eficácia organizacional.

Teoria comportamental

A teoria comportamental aparece com o livro *O comportamento administrativo* (1947), de Herbet Alexander Simon, além de outros importantes autores que apresentam novas contribuições a respeito do comportamento humano no processo de tomada de decisão, resolução de problemas organizacionais e da própria motivação humana. Essa teoria tem ênfase nas pessoas, mas dentro do processo organizacional. Fundamenta-se no comportamento individual, ou seja, em como as pessoas se comportam; por isso, entender a motivação humana é imprescindível, e se torna uma poderosa ferramenta para o administrador.

Abraham Maslow, um dos maiores especialistas em motivação humana, desenvolveu uma teoria que representa um conjunto de fatores que condicionam o comportamento das pessoas em um modelo de pirâmide com cinco níveis principais, conhecida como "Hierarquia das necessidades de Maslow". Na base da pirâmide estão as necessidades primárias (fisiológicas e de segurança), e acima, as necessidades secundárias (sociais, estima, autorrealização). Para compreender melhor cada necessidade, apresentamos a figura 1.3:

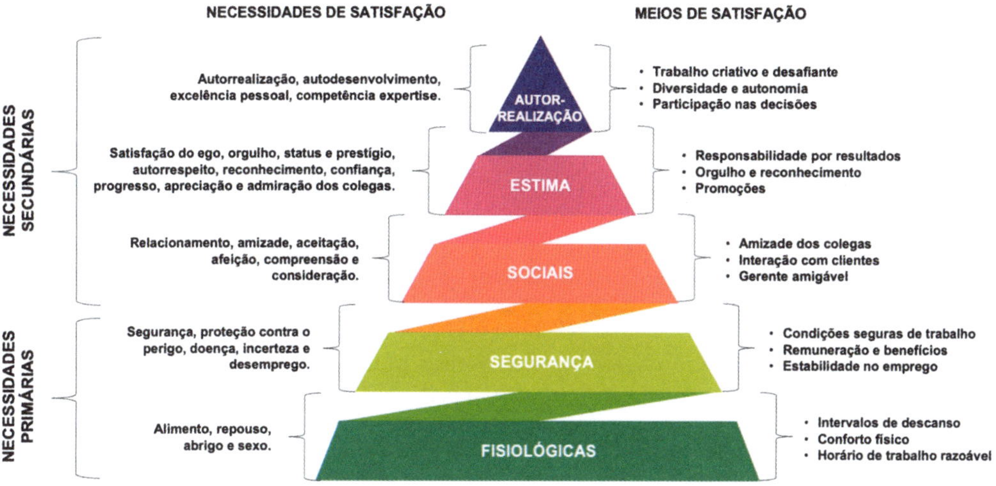

Figura 1.3 – Hierarquia das necessidades de Maslow, necessidades e meios de satisfação
Fonte: adaptado de Maslow (1943) e Chiavenato (2003).

Segundo Maslow (1943), é necessário que o indivíduo tenha atendidas as necessidades primárias antes de que possa atender às necessidades secundárias. Essa afirmação vem recebendo críticas ao longo dos anos, e algumas pesquisas indicam que as necessidades humanas podem não seguir uma ordem fixa e serem satisfeitas em diferentes sequências ou simultaneamente. Apesar das críticas, a teoria comportamental tem sido frequentemente utilizada como ponto de partida para estudos e discussões em áreas como psicologia, negócios, marketing e educação para entender a motivação humana.

Teoria do desenvolvimento organizacional

A teoria do desenvolvimento organizacional surge como um movimento a partir de 1962, devido às mudanças ocorridas nas corporações, ao assumir um olhar sistêmico que considera a entidade como um todo, incluindo estruturas, processos, cultura e clima organizacional, dentro dos pressupostos da teoria comportamental. Leland Bradford foi um dos pioneiros na área. Essa teoria democrática e participativa é importantíssima para a implantação da melhoria contínua e a gestão da mudança nas organizações, pois foca no desenvolvimento sustentável de curto, médio e longo prazo.

Abordagem estruturalista da administração

A abordagem estruturalista surgiu entre 1940 e 1960. Um dos principais autores dessa abordagem foi Max Weber, pioneiro na compreensão das organizações burocráticas. Essa abordagem contribui para o entendimento das organizações como sistemas sociais complexos, o que oferece uma visão equilibrada e abrangente dos elementos que compõem as organizações. Será estudada por meio das teorias que veremos a seguir.

Teoria da burocracia

A teoria da burocracia foi criada aproximadamente em 1940 (momento em que um modelo mais sólido e abrangente fazia-se necessário), inspirada pelos estudos de Weber, que acreditava que a burocracia era uma forma eficiente e racional de organização: estruturas hierárquicas bem definidas, políticas e regras claras, operações e decisões documentadas, funcionários especializados, qualificados e com habilidades técnicas, rotinas e procedimentos padronizados, meritocracia e possibilidade total de prever o desempenho e a performance da empresa. Essa teoria se mostrou muito eficiente e vantajosa para as empresas, porém não escapou de críticas devido à rigidez organizacional e à dificuldade de se adaptar a mudanças, inovação e desafios e à ênfase apenas na estrutura organizacional.

Teoria estruturalista

A teoria estruturalista foi concebida em torno da década de 1950, buscando integrar os aspectos formais e informais de uma organização. Philip Selznick e Max Weber contribuíram para o seu desenvolvimento. Considera-se que essa teoria seja uma evolução da teoria da burocracia com a teoria clássica e das relações humanas, e que seus resultados direcionam para a teoria de sistemas, que estudaremos mais adiante. Essa teoria tem ênfase na estrutura organizacional, nas pessoas e no ambiente. Nesse contexto, as organizações são sistemas abertos que se relacionam com o ambiente externo, ao reconhecer a importância da estrutura formal, mas também das relações informais e sociais para o pleno funcionamento da organização.

Abordagem neoclássica da administração

A abordagem neoclássica surgiu aproximadamente na década de 1950, motivada pela necessidade das organizações de se adaptar ao ambiente, que se tornava cada vez mais dinâmico, complexo, tecnológico e inovador, e aos novos problemas administrativos, que surgiam rapidamente. As instituições precisavam equilibrar a satisfação de seus colaboradores com a eficiência organizacional e, por isso, passaram a se preocupar mais com seus resultados e objetivos. Essa abordagem trouxe importantes contribuições para a definição do papel do administrador, como veremos a seguir.

Teoria neoclássica

Surgida nos anos de 1950, a teoria neoclássica procura equilibrar a estrutura organizacional rígida com as relações humanas e comportamentais para possibilitar que as organizações tenham uma prática mais moderna e flexível. Essa teoria apresenta os princípios fundamentais da prática da administração: planejar, organizar, dirigir e controlar.

Administração por objetivos (APO)

A administração por objetivos (APO) surgiu em 1954 com o livro homônimo, do autor Peter F. Drucker. A APO é considerada democrática e participativa, buscando a eficiência e eficácia organizacional com o envolvimento dos funcionários no processo de definição e alcance dos objetivos, alinhando as metas individuais dos funcionários com seu desempenho em uma avaliação contínua. A APO apresenta as seguintes características:

- Definição conjunta de objetivos (funcionário e superior);
- Definição de objetivos para cada departamento;
- Interligação entre os objetivos de cada departamento;
- Ênfase no monitoramento e controle dos resultados;
- Avaliação e melhoria contínua do planejamento;
- Participação ativa de todos (funcionário e superior);
- Apoio intensivo do staff (equipe/funcionários).

Para o sucesso da aplicação da APO é importante que a empresa estabeleça os planejamentos em níveis hierárquicos com objetivos claros, traçando critérios e definindo prioridades. O planejamento estratégico irá orientar todo o sistema e deve ser desdobrado em planejamentos táticos e operacionais, assunto que será abordado em detalhes no capítulo 2 deste livro. A seguir, apresentamos a figura 1.4, que demonstra os níveis de planejamento (estratégico, tático e operacional), os objetivos e os prazos para concretização.

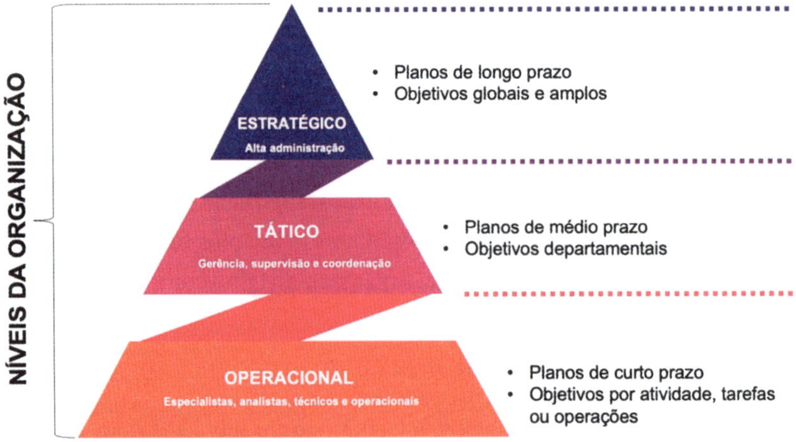

Figura 1.4 – Níveis de planejamento

Fonte: adaptado de Chiavenato (2003).

Abordagem sistêmica da administração

A abordagem sistêmica originou-se da teoria geral de sistemas (TGS), desenvolvida pelo biólogo Ludwig von Bertalanffy na década de 1950, e revolucionou o pensamento administrativo. A TGS é uma teoria interdisciplinar que busca entender e unificar os princípios de diversas ciências, criando modelos gerais. É muito utilizada não só administração, mas em outras áreas, como biologia, engenharia, sociologia, entre outras, pois apresenta uma abordagem holística, demonstrando que os sistemas não podem ser compreendidos apenas pela análise de cada uma das partes. Para compreender como a administração passou a pensar sistematicamente, apresentaremos a teoria de sistemas, que é um ramo da teoria geral de sistemas.

Teoria de sistemas

Por volta dos anos de 1960, a abordagem sistêmica chegou à administração com os trabalhos desenvolvidos nas décadas anteriores por von Bertalanffy. Para essa teoria, a totalidade representa mais do que a soma das partes: ela fornece insumos para compreender os componentes e a interação de um sistema. Levando esse conceito para a administração, pode-se afirmar que organizações são sistemas abertos que interagem com o seu ambiente e permitem uma análise profunda e ampla, bem como interação contínua, recebendo inputs (insumos) e entregando outputs (serviços e produtos), permitindo que as instituições se adaptem e ajustem suas estratégias e operações às mudanças e demandas do ambiente de negócios, que muda constantemente. Essa teoria contribui para as organizações serem mais resilientes e adaptáveis, proporcionando uma perspectiva holística e integrada para a administração, promovendo o equilíbrio e a sinergia entre todos os componentes da organização, enquanto se adapta de maneira eficaz às mudanças e aos desafios impostos pelo ambiente externo.

Teoria da melhoria contínua

A teoria da melhoria contínua surgiu entre as décadas de 1940 e 1950 e teve a contribuição de vários autores e pensadores, com base na filosofia Kaizen. Trata-se de uma técnica de mudança organizacional contínua que envolve todos os membros para obter qualidade, reduzir desperdícios e aprimorar continuamente processos, produtos e serviços dentro de uma instituição. Nessa perspectiva, as melhorias devem ser contínuas e constantes e a comunicação clara e eficaz, incentivando a transparência e o bom relacionamento entre as pessoas. As equipes são multifuncionais e os treinamentos e capacitações são intensos e para todos os funcionários. A melhoria contínua é uma estratégia poderosa para a obtenção de resultados significativos a longo prazo para as organizações e será abordada no capítulo 5 deste livro.

Teoria da qualidade total

A teoria da qualidade total foi criada entre as décadas de 1950 e 1960, como uma derivação da melhoria contínua. Alguns dos autores dessa temática são Winston Edwards Deming, Joseph Juran e Philip B. Crosby. Em inglês, utiliza-se a sigla TQM (total quality management). Essa abordagem abrange todos os níveis hierárquicos e áreas da organização, buscando integrar as funções e os processos para garantir padrões de qualidade e de excelência em todos os aspectos organizacionais, atendendo às expectativas dos clientes e de todos envolvidos na organização.

Abordagem contingencial da administração

A abordagem contingencial surgiu entre as décadas de 1950 e 1960, com Joan Woodward e diversos outros estudiosos. Essa abordagem compreende que a organização é um sistema composto de subsistemas e que não se alcança a eficácia organizacional seguindo um único modelo, mas sim adotando as melhores práticas e avaliando fatores contingenciais e situacionais, que podem incluir o ambiente externo, a tecnologia, o tamanho da organização, a cultura organizacional, entre outros elementos. Diferentes situações requerem diferentes modelos e aplicações de técnicas administrativas apropriadas.

Teoria da contingência

A teoria da contingência teve início nas décadas de 1950 e 1960, marcando um importante passo para as teorias da administração. Essa teoria sustenta que não existe uma única forma de administrar uma empresa, tudo é relativo e depende de diferentes variáveis e fatores situacionais, contingenciais e do ambiente. Nessa ótica, a administração deve ser flexível e adaptável, considerando estrutura, processos, gestão e ambiente externo, para alcançar seus objetivos. Com essa teoria, a visão se voltou para o ambiente em que a empresa está inserida, sendo de vital importância para o crescimento e sobrevivência da empresa que ela compreenda a dinâmica e a tecnologia desse ambiente para compor seu modelo organizacional de forma mais orgânica e flexível.

Teoria da reengenharia

A teoria da reengenharia nasceu com os estudos de Michael Hammer e James Champy na década de 1990. Trata-se de um processo radical de reconstrução de toda a organização. Devido à rapidez das transformações no mundo, as empresas precisam se adaptar constantemente para se manterem atrativas para seus consumidores, e muitas vezes não basta apenas uma melhoria nos processos, devendo-se transformar totalmente a organização. É necessário analisar o que está sendo feito para reduzir custos, melhorar a tecnologia e atender às expectativas dos clientes quanto à qualidade dos produtos, serviços e processos, para então reestruturar radicalmente a forma de trabalho da organização.

Teoria de gestão de projetos

Podemos perceber a gestão de projetos em grandes construções como as pirâmides do Egito ou a muralha da China, porém, como prática formal e reconhecida, a gestão de projetos teve início a partir de 1900. Por se tratar de um tema consistente, estruturado, amplamente aplicável com métodos, ferramentas e padrões bem definidos que permeia nossa história e se mantém em constante evolução, trataremos a gestão de projetos como uma teoria. Os projetos têm características únicas e são temporários, com início e término definidos, o que não significa que tenham curta ou longa duração, mas que têm começo e fim. Sua implementação pode ocorrer em todos os níveis da organização (estratégico, tático e operacional) e até mesmo em nossa vida pessoal, como no planejamento de uma viagem, uma festa de aniversário ou um trabalho escolar (mostraremos como isso é possível no capítulo 3). Um projeto pode envolver várias pessoas ou apenas uma, isso dependerá da natureza de sua realização, de seus objetivos e da entrega de valor que se deseja, mas o que não se pode negar é que os projetos afetam a vida das pessoas, sejam as que os executam ou os stakeholder neles envolvidos.

No contexto organizacional, o desenvolvimento de projetos pode incluir mudanças estruturais, a criação de novos produtos e serviços, a implementação de tecnologia da informação e programas de sustentabilidade, campanhas de marketing e vendas, eventos e muitas outras possibilidades. Ao estruturar um projeto é importante levar em conta os seguintes aspectos: escopo, requisitos, premissas, cronograma, custo, equipe, planos, resultados esperados, risco, qualidade e partes interessadas (pessoas, grupos, organizações que possam impactar direta ou indiretamente o projeto), o ciclo de vida do projeto (iniciação, planejamento, execução, monitoramento e controle e encerramento), a metodologia e as ferramentas utilizadas para a gestão. Atualmente, existem várias metodologias (Kanban, Scrum e ágeis) e ferramentas (software, diagrama de Gantt, análises SWOT, mapas mentais, 5W2H, entre outras) aplicáveis à gestão de projetos. Para uma escolha assertiva, devem ser consideradas a natureza e a complexidade do projeto. Visto a amplitude do tema gestão de projetos e sua aplicabilidade na administração, os abordaremos exclusivamente no capítulo 3 deste livro.

Abordagens contemporâneas da administração

O que está acontecendo agora?

No decorrer dessa linha do tempo, ocorreram muitas mudanças e transformações que contribuíram para o desenvolvimento humano e das organizações. Essas mudanças não param nesse ambiente VUCA - volátil (volatility), incerto (uncertainty), complexo (complexity) e ambíguo (ambiguity) - e ao mesmo tempo BANI - frágil (brittle), ansioso (anxious), não linear (non-linear) e incompreensível (incomprehensible). O ambiente BANI apresenta desafios significativos para todas as organizações e para a humanidade, mas, em contrapartida, é uma oportunidade de crescimento e inovação. Nesse ambiente que impõe desafios complexos e imprevisíveis, as empresas necessitam de flexibilidade, adaptabilidade, líderes preparados e fomentar a inovação, criatividade e o empreendedorismo para alcançar seus objetivos.

O quadro 1.2 traz temas emergentes que trataremos como teorias, visto que são ideias, conceitos e proposições que buscam explicar o que está acontecendo no mundo dos negócios e está contribuindo para a adaptação das organizações a esse ambiente. Essas teorias emergentes permitem que as organizações consigam prever fenômenos ou comportamentos no ambiente empresarial, cada vez mais complexo e dinâmico, e se preparar para lidar com eles. Elas refletem a necessidade de um posicionamento inovador, sustentável, ágil e cooperativo, que valorize os colaboradores e que tenha como propósito a evolução e a melhoria contínua.

Quadro 1.2 – Teorias contemporâneas da administração

Teoria	Panorama
Teoria da gestão da inovação	A proposta dessa teoria é fazer a gestão e a implementação de novas ideias. Seus princípios se baseiam no fomento à cultura empreendedora, no alinhamento da inovação à estratégia geral, na adoção de processos claros e na alocação de recursos necessários para dar apoio à inovação.
Teoria da gestão Lean	Aborda a redução dos desperdícios por meio de uma gestão enxuta. Seus fundamentos são focados na entrega de valor, mapear os processos e eliminar os que não trazem melhorias, garantir o fluxo contínuo e a produção puxada, ou seja, produzir apenas o necessário, evitando o estoque, e adotar a melhoria contínua em todos os processos.
Teoria das organizações ágeis	Defende que as empresas se adaptem rapidamente às mudanças do mercado consumidor. Para isso, propõe que essas instituições sejam flexíveis, atuem com equipes autônomas, sejam responsáveis por seus resultados e trabalhem em ciclos curtos, sempre ajustando-se com base em feedbacks e foco no cliente.
Teoria da complexidade organizacional	Segundo essa teoria, os agentes de um sistema não devem ser analisados separadamente, pois estão interconectados, formando um todo complexo e caótico. Reconhece que a realidade é incerta e as organizações precisam agir de forma flexível e se auto-organizar para se adaptarem a essa complexibilidade. A ênfase está na liderança participativa e o foco está nos processos.
Teoria da sustentabilidade corporativa	Consiste em adotar práticas sustentáveis com o objetivo de não apenas ter lucro nas operações, mas também contribuir para o bem-estar das pessoas e a preservação do ambiente. Propõe o equilíbrio entre os fatores econômicos, sociais e ambientais, além da atuação das organizações com responsabilidade social e a efetiva gestão ambiental.
Teoria dos ecossistemas de negócios	Pode ser definida como a estrutura de alinhamento e interação dinâmica entre diversas empresas num ambiente, formando uma rede de cooperação entre fornecedores, distribuidores, concorrentes, clientes, governos e entidades, favorecendo o uso de recursos e gerando interações colaborativas entre seus membros a fim de criar valor, crescimento e sobrevivência.

Como vimos, compreender a evolução da administração, as teorias e as abordagens que a cercam é de extrema importância para administrar uma organização.

★ **PARA REFLETIR**

- Como foi, para você, conhecer um pouco mais do caminho que a história fez para chegarmos ao tipo de organização que temos hoje?
- Qual foi a abordagem que mais chamou sua atenção?
- Qual foi a teoria que mais despertou sua vontade de conhecer e estudar profundamente?

As teorias são fundamentais para o desenvolvimento das organizações, assim como a cultura organizacional, e por esse motivo seguiremos estudando mais alguns assuntos pertinentes à introdução à administração.

Cultura organizacional

Muitos são os estudiosos da cultura organizacional. Os primeiros relatos aconteceram na década de 1970 e foram intensificados na de 1980, observando o notável desempenho das empresas japonesas, sustentado pela crença de que o principal responsável por seu sucesso era o resultado dos valores dos colaboradores e da filosofia da organização (Ferreira; Assmar, 2008 *apud* Braga; Ferraz; Lima, 2014).

Atualmente, a cultura organizacional é conceituada das mais diversas formas e por diferentes perspectivas teóricas. Podemos entendê-la como o conjunto de normas, valores, comportamentos, crenças, ideias e práticas formais ou informais adotadas e criadas por um grupo organizacional, moldado por toda a trajetória e história da organização e que conduz os relacionamentos, pensamentos, sentimentos e ações que impactam na satisfação dos colaboradores e no desempenho organizacional.

A cultura organizacional é única e se desenvolve dentro das organizações para guiar e orientar seus membros, além de ser uma importante estratégia para que as organizações mantenham-se flexíveis e adaptáveis diante de mudanças e dos desafios constantes do mercado, criando uma direção estratégica em busca de atingir seus objetivos.

A construção da cultura organizacional é um processo que ocorre a longo prazo, de forma gradual, e que contribui para a diferenciação entre as empresas e a identificação de seus membros. Cada vez mais as organizações estão em busca de culturas estimulantes e motivadoras que possibilitem envolvimento, engajamento, diversidade, inclusão e sentimento de pertencimento a seus membros, além do desenvolvimento de lideranças com ideias inovadoras, tomada de decisão sobre o trabalho, fixação e aculturamento, o que resulta na identidade e no sucesso da organização.

Para Edgar Schein, um dos principais autores do tema, a cultura organizacional é uma variável que muda com o tempo, e pode ser entendida como o conjunto de pressupostos básicos institucionalizados na organização e percebida por meio de artefatos, linguagem, mitos, valores, arquitetura, ritos, entre outros meios, resultado da luta por adaptação ao ambiente e integração interna do grupo organizacional. Para tanto, existem diferentes níveis pelos quais a cultura de uma organização pode ser incorporada: artefatos, crenças e valores assumidos e suposições básicas, conforme a figura 1.5.

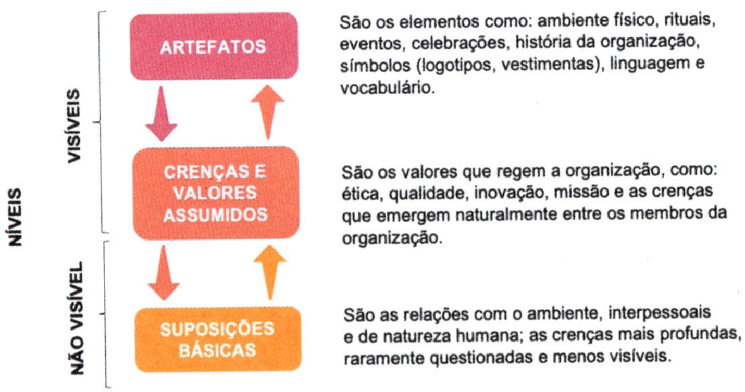

Figura 1.5 – A cultura organizacional segundo Schein

Fonte: adaptado de Schein (2009).

Segundo Schein (2009, p. 8), "cultura está para um grupo como personalidade ou caráter está para um indivíduo". Com esse paralelo e a figura 1.5, vamos refletir:

- Quais são os artefatos da sua vida e família?
- Quais são as crenças e valores que regem sua vida?
- Como você se relaciona com o ambiente?

A adoção desse conjunto de normas, valores, comportamentos, crenças, ideias e práticas formais ou informais são parte da cultura e personalidade da organização, assim como a estrutura organizacional, que será abordada a seguir.

Estrutura organizacional

A estrutura organizacional é uma forma de demonstrar como estão organizadas as atividades e responsabilidades e como os poderes são distribuídos na organização. Essa estrutura mostra como estão sistematizados os níveis hierárquicos, as atividades, as relações funcionais e pessoais, oferecendo uma visão geral da organização.

Para a elaboração de uma estrutura organizacional é importante considerar:

- o tamanho da organização;
- sua natureza jurídica;
- a missão, visão e os objetivos de longo prazo;
- as funções, as atividades e os departamentos;
- os níveis de tomada de decisão.

Como forma de visualizar essa estrutura, normalmente utilizamos o organograma, uma representação gráfica que mostra visual e claramente como a estrutura organizacional está desenhada. Existem diversos modelos de organograma; neste livro, oferecemos cinco modelos:

» organograma clássico ou vertical;
» organograma horizontal;
» organograma funcional;
» organograma matricial;
» organograma circular.

Apresentamos, a seguir, a descrição de cada um desses modelos, sua utilização e um exemplo gráfico.

Organograma clássico ou vertical

O organograma clássico é o mais conhecido entre as organizações, por ser fácil de entender e implementar. É também o mais usado pelas organizações tradicionais. Sua estrutura demonstra a hierarquia de cargos por grau de comando de cima para baixo: quanto mais alto o nível do cargo, maior é o grau de responsabilidade de comando, o que facilita a visualização das relações de comando e subordinação.

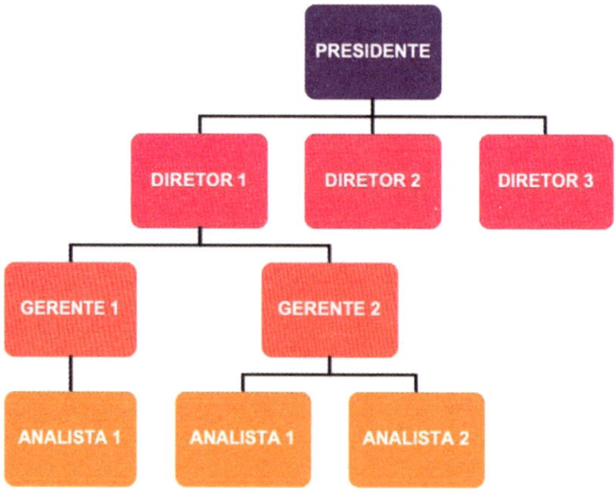

Figura 1.6 – Organograma clássico

Organograma horizontal

O organograma horizontal é muito semelhante ao modelo clássico, porém apresenta as informações na horizontal, sem hierarquizar os cargos, demonstrando que todos têm o mesmo grau de importância na organização, apesar de cargos diferentes, conforme o exemplo:

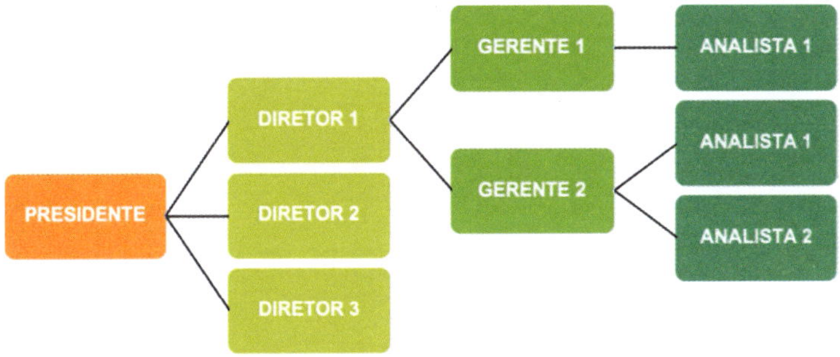

Figura 1.7 – Organograma horizontal

Organograma funcional

O organograma funcional é muito utilizado pelas organizações, pois demonstra as relações funcionais da organização e agrupa as atividades por funções ou departamentos, como mostra o exemplo:

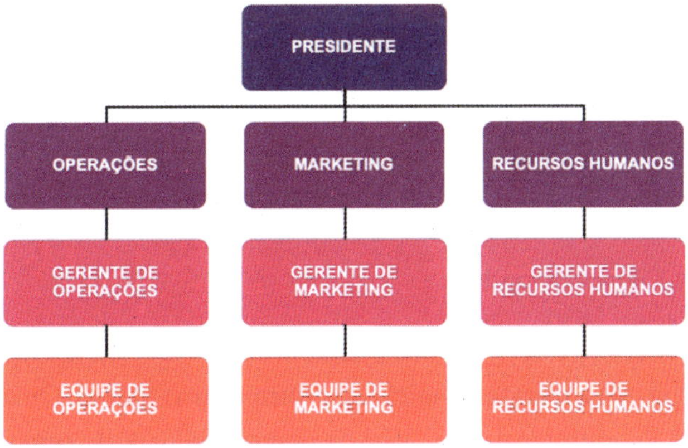

Figura 1.8 – Organograma funcional

Organograma matricial

O modelo matricial combina elementos da estrutura funcional e por projetos. Nesse modelo, os funcionários se reportam a dois ou mais gerentes, um ligado ao departamento e outro ao projeto. Essa estrutura é muito utilizada por empresa que trabalham com vários projetos simultaneamente. A seguir, apresentamos um exemplo dessa estrutura.

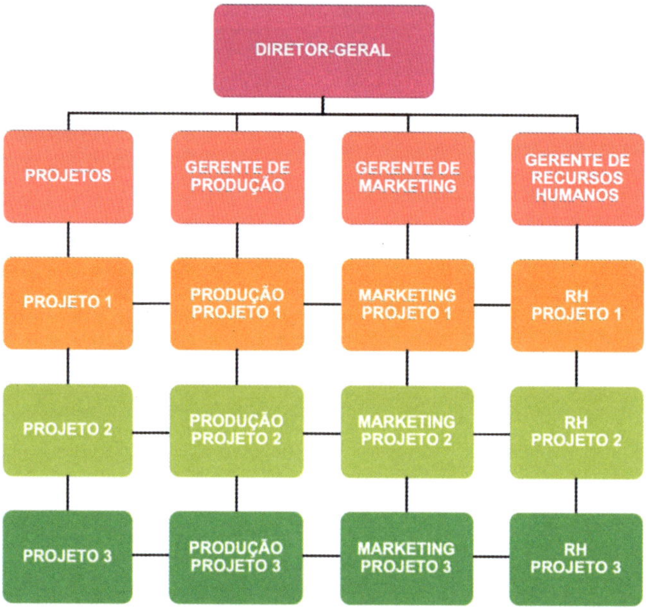

Figura 1.9 – Organograma matricial

Organograma circular

O modelo circular tem uma estrutura menos tradicional de organograma, em que a hierarquia inicia do centro para as bordas. Quanto mais próximo ao centro, maior é o nível de responsabilidade do cargo, conforme o exemplo a seguir:

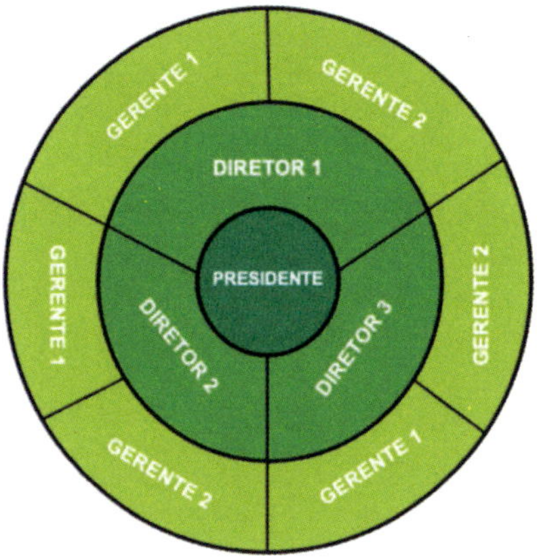

Figura 1.10 – Organograma circular

Os organogramas apresentam-se em diversos modelos, e aqui abordamos apenas alguns dos mais utilizados. Cada modelo é utilizado para diferentes finalidades e tipos de empresa; o importante é sempre considerar a cultura organizacional, o objetivo e a complexidade da organização.

Lei Geral de Proteção de Dados Pessoais (LGPD)

A Lei nº 13.709, de 14 de agosto de 2018, entrou em vigor no Brasil em 18 de setembro de 2020, com a finalidade de regulamentar e proteger o uso e a transferência de dados pessoais no país. Propõe um conjunto de normas que devem ser observadas pela União, pelos estados, pelo Distrito Federal e pelos municípios, pois trata-se de interesse nacional.

A Lei Geral de Proteção de Dados Pessoais (LGPD) estabelece requisitos para o tratamento de dados com o objetivo de garantir segurança jurídica por meio da padronização de normas e práticas, além de estipular que em todo processamento de conteúdo em território nacional, independentemente de a organização ter sede no Brasil ou no exterior, deve ser cumprida.

Essa lei é considerada um marco legal de proteção de dados pessoais de todo cidadão que esteja no Brasil, porém, pesquisas demonstram que a maioria das empresas no país não está plenamente em conformidade com a LGPD (Cursos..., 2024). Sanções já foram aplicadas, mas as empresas não estão tomando as medidas fundamentais para adequação à lei. A Autoridade Nacional de Proteção de Dados (ANPD) é a instituição que fiscaliza, penaliza, regula e orienta a aplicação da LGPD no Brasil.

★ PARA REFLETIR

Para uma visão geral da LGPD, o Serviço Federal de Processamento de Dados (Serpro) criou um infográfico com os principais temas abordados na lei. Veja acessando o link: https://www.serpro.gov.br/lgpd/menu/arquivos/infografico-lgpd-em-um-giro/view. Acesso em: 27 nov. 2024.

Analisando esse infográfico, reflita:

- Você se recorda de momentos do seu dia a dia em que a LGPD está presente? Se sim, quais são esses momentos?
- Você costuma realizar compras on-line?
- Quando você instala um aplicativo no seu celular, ele solicita algumas permissões, como localização, acesso à câmera ou à galeria de fotos?
- Você utiliza alguma rede social?

Em nosso cotidiano, A LGPD está presente principalmente nas relações e interações com empresas físicas ou on-line que envolvam a coleta e utilização de dados pessoais. Em compras on-line, nas redes sociais, em diversos tipos de cadastros, na autorização e instalação de aplicativos em celulares, basta observar para identificá-la. Você já tinha parado para observar essa interação?

É fundamental que as empresas e seus administradores notem que a LGPD é muito mais que uma exigência legal: é uma oportunidade de se diferenciar no mercado, de aumentar a transparência dos processos e obter a confiança dos clientes e parceiros comerciais, além de proteger a privacidade dos dados pessoais na organização.

☛ Arrematando as ideias

Neste capítulo, conhecemos o conceito de administração ao abordar seus princípios fundamentais e a importância de entender as revoluções, teorias e práticas que moldam a gestão das organizações. Exploramos a evolução do pensamento administrativo ao longo do tempo, desde as primeiras teorias até as mais recentes, e apresentamos uma cronologia que relaciona as principais teorias administrativas com as Revoluções Industriais, mostrando como cada uma influenciou o desenvolvimento da administração.

Além disso, examinamos aspectos como a cultura organizacional, um conjunto de normas, valores, comportamentos, crenças, ideias e práticas formais ou informais criadas e adotadas por um grupo organizacional; e a estrutura organizacional, que demonstra como as atividades, responsabilidades e poderes são distribuídos, explorando diferentes tipos de estrutura. Também abordamos a LGPD, uma legislação brasileira que regulamenta o tratamento de dados pessoais, sublinhando sua importância para as organizações, especialmente no que diz respeito à conformidade legal e à proteção da privacidade dos dados dos indivíduos.

2 Administração estratégica

Vamos refletir sobre os objetivos que traçamos em nossas vidas.

Você tem o hábito de estabelecer metas e objetivos?

Já pensou onde estará daqui a cinco ou dez anos?

A abordagem neoclássica da administração trouxe a ideia do pensamento estratégico abarcado na teoria da administração por objetivo. Ao buscar o significado da palavra "estratégia", a maioria dos dicionários trará resultados relacionados a questões militares, pelo fato de a palavra ser originária do grego e referir-se a comando ou direção, em sentido militar. Com o uso, o termo tomou uma dimensão maior, sendo utilizado para se referir a um conjunto de ações que levam a realizar um objetivo, seja no âmbito pessoal ou no profissional.

No âmbito da administração, entendemos que estratégias são todas as ações que adotamos para realizar os objetivos organizacionais, que criem vantagens competitivas. Como vimos no capítulo anterior, administração é o processo de planejar, organizar, dirigir e controlar os recursos de forma eficiente e eficaz para que a organização e seus membros possam alcançar de forma substancial os objetivos e as metas estabelecidas. Assim, a administração estratégica amplia esse conceito e foca em criar meios para que os objetivos traçados sejam realizados, levando em consideração, além das variáveis internas, aquelas relacionadas ao ambiente externo.

Atualmente, muitas mudanças tecnológicas impactam nossas vidas pessoais. Em uma organização, composta de várias pessoas que atuam em mercados cada vez mais competitivos, esse impacto é ainda maior. Para acompanhar essa dinâmica, é necessário não apenas formular estratégias eficazes, mas também adaptá-las rapidamente, o que exige abordagens estratégicas mais dinâmicas e proativas. A administração estratégica implica tomar decisões que apliquem os recursos organizacionais de forma flexível, antecipando mudanças no ambiente externo e reorganizando e preparando o ambiente interno para se defender das ameaças e/ou aproveitar as oportunidades. Podemos considerar como recursos todos os ativos, a capacidade e os processos organizacionais, assim como as informações e os conhecimentos gerados que permitem elaborar estratégias sustentáveis para a realização dos objetivos (Barney; Hesterly, 2007).

A gestão estratégica de uma organização define a direção a ser seguida, o que envolve a elaboração de objetivos estratégicos, a análise dos ambientes interno e externo e a formulação, implementação e avaliação das estratégias. O ponto fundamental desse processo concentra-se na escolha correta das estratégias. Para minimizar os erros que envolvem essa escolha é importante que o processo seja meticuloso e metódico, com análises e métodos eficazes, o que implica elaborar um planejamento estratégico.

Planejamento estratégico

Toda organização precisa ter bem definido o seu propósito, que será determinante para o sucesso e a longevidade de suas atividades. Um propósito claro vai muito além de estabelecer metas financeiras: ele orienta as decisões estratégicas e alinha as rotinas diárias a uma diretriz a longo prazo. Todas as ações devem ter o objetivo de realizar esse propósito. Além disso, inspira e engaja colaboradores, atrai e retém clientes e constrói uma identidade relevante ao conectar a organização a um objetivo que transcende as questões econômicas. O propósito de uma organização pode ser definido em sua concepção, na fase das ideias.

★ PARA REFLETIR

Você sabia que não é difícil identificar o seu propósito de vida? Reflita sobre as perguntas a seguir para chegar mais perto de entender o seu propósito.

- O que, de fato, importa na sua vida?
- O que você gosta de fazer? É importante se autoconhecer.
- Ao pensar nas coisas que você gosta de fazer, com o que poderia contribuir para o mundo? Pode começar com um universo menor, como a família, a escola ou bairro.

Segundo Kotler e Keller (2018), o processo de planejamento estratégico de uma unidade de negócios tem início na definição da missão da organização. Na sequência, são feitas as análises dos ambientes interno e externo, o estabelecimento das metas, a formulação de estratégias, a elaboração de programas, a implementação e, por fim, o feedback e o controle. Como vimos no capítulo anterior, o planejamento é desenvolvido em três níveis: operacional, tático e estratégico. Veja no quadro 2.1 as especificidades de cada nível e, se necessário, volte ao capítulo 1, figura 1.4.

Quadro 2.1 – Especificidades de cada nível de planejamento

Nível	Descrição
Nível estratégico	É formado pelo alto comando. Requer a alocação de pessoas, cujas competências são mais abstratas, conceituais. Ter pensamento estratégico é condição preponderante, o que implica pensar de forma crítica, projetar o futuro para a tomada de decisão e ter forte orientação externa para a análise de cenários. Nesse nível do planejamento, os planos são genéricos e os objetivos globais e amplos, para realização a longo prazo.
Nível tático	Refere-se a planos de médio prazo e à alocação de pessoas cujas competências contemplem a gestão de pessoas. Os objetivos são definidos por departamentos, ou seja, o objetivo global definido no âmbito estratégico é dividido e distribuído para os departamentos. Assim, cada departamento tem suas metas atribuídas de forma que o propósito seja realizado.
Nível operacional	Concentram-se os planos de curto prazo. O objetivo é específico para a realização das tarefas, refere-se ao fazer. Neste nível, definem-se as tarefas e atividades necessárias para a realização dos objetivos departamentais. Necessidade de alocação de recursos operacionais, técnicos, analistas e especialistas.

Declaração de missão

Missão

Enquanto o propósito é o motivo de a empresa existir, baseado em algo inspirador e filosófico, a missão é o que ela faz para realizar o seu propósito. Uma declaração de missão deve ser clara e apresentar o negócio. Desenvolvida de forma colaborativa, concentrada em poucas metas e a longo prazo, a missão só deve ser alterada caso perca de fato o seu significado.

Visão

É onde a empresa pretende estar em 5 ou 10 anos. É uma imagem idealizada e inspiradora do futuro da organização. Define o lugar ao qual ela quer chegar.

Valores organizacionais

São princípios e crenças que norteiam os comportamentos e as relações com os stakeholders, ou seja, todas as partes que têm interesse na organização (clientes, acionistas, colaboradores, etc.).

Análise do ambiente de negócios

O desafio da análise do ambiente de negócios é identificar as fontes confiáveis e quais informações são relevantes. No mundo da "pós-verdade" e das "fake news" as incertezas acarretam mais insegurança nas tomadas de decisão. Esse trabalho requer o cuidado de não considerar apenas o passado, mas basear-se também no presente para construir o futuro desejado para a organização.

Análise SWOT

Para prosseguir com o planejamento estratégico é necessário analisar os ambientes interno e externo e, para isso, podemos utilizar uma ferramenta chamada SWOT, que é um acrônimo para as palavras em inglês strengths (forças), weaknesses (fraquezas), opportunities (oportunidades) e threats (ameaças). Antes de ver como aplicar a SWOT, é necessário um esclarecimento a respeito dos ambientes interno e externo.

O ambiente interno é formado por todos os processos que a empresa desenvolve nos seus departamentos. Como o nome já diz, refere-se a questões internas, nas quais o administrador pode interferir: variáveis como recursos financeiros, humanos, físicos e organizacionais, tecnologia, estrutura organizacional, instalações físicas, produtos, preços, custos, localização, regras, processos, etc. Nesse ambiente estão as forças e fraquezas da organização.

Podemos dividir o ambiente externo em fatores macroambientais e microambientais. Fatores macroambientais são variáveis que influenciam de maneira ampla as decisões internas, mas que estão fora da alçada do administrador, além do controle da organização, como o ambiente político-legal (alterações na política e nas leis), ambiente econômico (aumento ou queda do dólar, inflação, indicadores econômicos), ambiente sociocultural (mudança de comportamento de consumo), ambiente natural (escassez de recursos naturais), ambiente tecnológico (novas tecnologias) e ambiente demográfico (composição da população). É nesse ambiente que identificamos as oportunidades e ameaças.

Embora os elementos do microambiente também estejam fora da organização, o administrador tem maior influência e controle sobre eles do que sobre os elementos que estão no macroambiente. Esse ambiente é formado por grupos de interesse, opinião pública, redes sociais, mídias, clientes, fornecedores, concorrentes e intermediários.

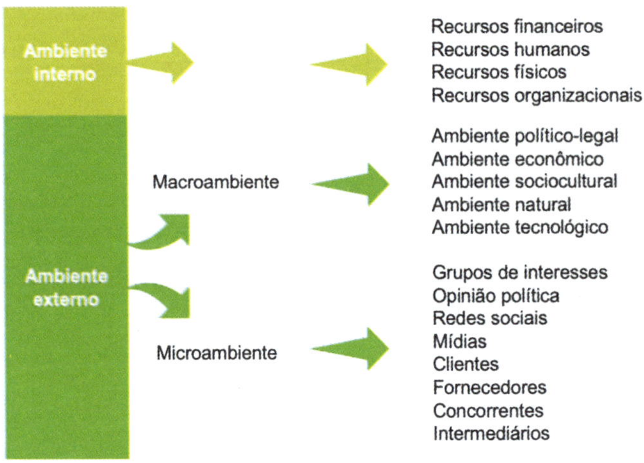

Figura 2.1 – Ambiente interno e ambiente externo

A matriz SWOT também é conhecida como FOFA, acrônimo em português de forças, oportunidades, fraquezas e ameaças. Nesta obra, nos referimos à ferramenta pelo nome de SWOT. Para a estruturação do planejamento, além de elaborar a declaração de missão, o administrador precisa ter um diagnóstico global da organização e considerar os ambientes interno e externo no qual está inserida. A matriz SWOT é a ferramenta ideal para essa tarefa, pois consiste em quatro quadrantes para identificar, no ambiente interno, o que a empresa considera que tem como forças e fraquezas, e no ambiente externo, o que pode ser considerado oportunidade e/ou ameaça ao negócio.

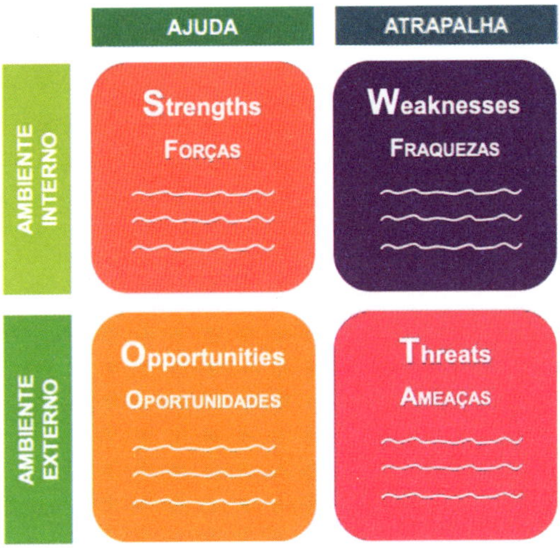

Figura 2.2 – Matriz SWOT

Após completar a matriz, é o momento de fazer uma análise precisa, cruzando as informações dos quatro quadrantes. Podemos começar pelo quadrante das forças: o que foi listado é suficientemente forte para aproveitar alguma oportunidade que foi identificada na matriz ou para defender a organização das ameaças? Das fraquezas identificadas, quais podem ser transformadas em forças para aproveitar as oportunidades? Quais fraquezas comprometerão a realização dos objetivos?

★ **PARA SABER MAIS**

Você sabia que a análise SWOT é também uma ferramenta de autoconhecimento? Ela pode ser aplicada para reconhecer as competências que você tem desenvolvidas e as que precisam de desenvolvimento para que você possa aproveitar as oportunidades e minimizar as ameaças. Assim, da mesma forma que é utilizada no planejamento estratégico, pode ser utilizada para um planejamento de carreira. Para realizar esse trabalho, tenha em mente um objetivo de carreira e reflita sobre as seguintes questões:

- Quais são os seus pontos fortes?
- O que você gosta de fazer?
- O que você faz bem?
- Quais são as suas fraquezas?
- O que você precisa desenvolver para realizar os seus objetivos de carreira?
- Quais tendências podem beneficiar você?
- Quais oportunidades você identifica?
- O que pode impedir você de realizar os seus objetivos?

Definindo metas e objetivos

Depois de fazer a análise dos ambientes, o administrador pode dedicar-se ao estabelecimento de metas e objetivos. Vamos esclarecer esses conceitos: consideramos objetivo o todo que se pretende realizar, e as metas são partes desse todo.

No capítulo anterior, estudamos a administração por objetivos (APO) e vimos que é importante que todos saibam o que se espera de cada um da equipe e que as metas não são atribuídas de cima para baixo: todos da equipe participam de sua elaboração, de forma que não sejam impostas e sim negociadas, criando assim o senso de corresponsabilidade. Nessa abordagem, os gestores ficam responsáveis por disponibilizar meios para que os subordinados trabalhem focados na realização dos objetivos.

Kotler e Keller (2018) afirmam que para a administração por objetivos ser eficaz é necessário que:

1. Os objetivos sejam organizados hierarquicamente, do mais importante ao menos importante.
2. Os objetivos sejam representados em números, quantitativamente.
3. As metas sejam realistas, definidas após análises criteriosas.
4. Os objetivos sejam consistentes: ou busca-se o aumento de vendas ou o aumento de lucros.

O consultor George T. Doran propôs, em 1981, a metodologia SMART para a definição de objetivos. SMART é um acrônimo das palavras specific (específica), mensurable (mensurável), assignable (atribuível), realistic (realista) e time-related (temporal). Na internet é possível encontrar várias versões para esses critérios, entretanto, aqui veremos o significado dos critérios originais propostos pelo autor.

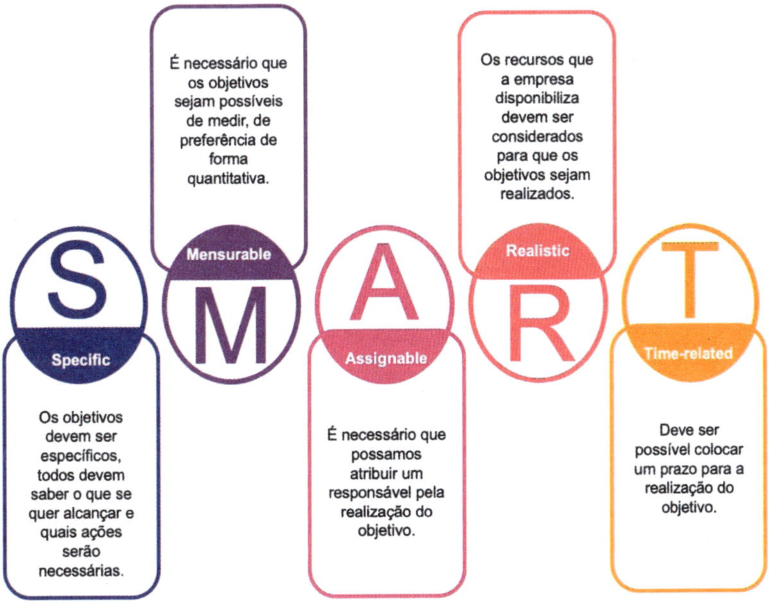

Figura 2.3 – Metodologia SMART

Essa metodologia pode ajudar a definir objetivos de forma estruturada e simples. Requer apenas que se especifique detalhadamente a meta a ser perseguida, com o máximo de detalhes. Reflita se esses objetivos são mensuráveis. É possível medir por meio de algum indicador? Qual indicador podemos adotar para isso? A quem ou a qual equipe podemos dar a responsabilidade do desenvolvimento das ações? Esses objetivos são realistas? A organização tem os recursos necessários para a sua realização? Em que prazo os objetivos serão realizados? Bem simples, não é? Inteligente? Esperto? Sim, é smart!

Agora que você já conhece uma técnica "esperta" para estabelecer os objetivos organizacionais, é importante considerar que, quando se trata de objetivos estratégicos a longo prazo, eles precisam estar alinhados não apenas com a missão, mas também com a visão, que pode estar voltada a crescimento, expansão, inovação, qualidade, ESG, etc.

Planos de ação

Depois de definidos os objetivos, é necessário definir a melhor estratégia. O código de defesa do consumidor entrou em vigor em 1991. Por volta de 1994, a internet chegou às casas brasileiras e, à mesma época, houve a abertura do mercado brasileiro para a concorrência internacional. A associação desses adventos colaborou para o empoderamento do consumidor, que hoje tem informações e consegue comparar serviços e produtos. Para uma organização atuar nesse contexto de concorrência acirrada e consumidores empoderados, a organização precisa definir estratégias competitivas eficazes.

Agora é o momento de decidir a estratégia que será adotada e elaborar um plano de ação para detalhá-la a fim de atingir as metas e os objetivos propostos. Vamos conhecer as estratégias competitivas genéricas (que podem ser adotadas por qualquer tipo de empresa) que Michael Porter propôs: liderança total em custos, diferenciação e foco (Porter, 2004).

Estratégia genérica por liderança total em custos

A proposta da estratégia genérica é para as empresas que querem ser líderes no seu mercado em custos e não apenas igualar seus preços aos da concorrência, ou seja, ser a única a trabalhar com eficiência financeira e operacional no seu segmento. Isso significa buscar ganhos em escala, comprar em grandes quantidades ou especializar-se em determinada operação para diminuir os custos na produção ou comercialização e buscar a redução e otimização de custos trabalhando da forma mais enxuta possível.

Estratégia de diferenciação

A estratégia de diferenciação busca trabalhar com o propósito de se diferenciar dos concorrentes, seja em relação aos produtos e serviços, à imagem pessoal ou ao canal de distribuição. É importante que os atributos de diferenciação não possam ser facilmente copiados pela concorrência. Só se tem vantagem competitiva enquanto a concorrência não consegue copiar ou imitar a sua estratégia.

Foco

Uma organização que adota a estratégia competitiva de foco atua atendendo às necessidades do cliente de forma específica. Concentra suas atividades em um nicho de mercado com a proposta de atender aos clientes melhor que a concorrência. O enfoque pode ocorrer em um único comprador ou um grupo de compradores, uma linha de produtos ou uma região.

Para uma abordagem mais poderosa, as organizações podem associar mais de uma estratégia competitiva. Embora Porter indique que se escolha uma entre as três opções, vemos no mercado organizações que optam pela associação de estratégias, como a Tesla, que foca no mercado de carros elétricos e se diferencia por oferecer produtos inovadores e sustentáveis, e a Ambev, que é conhecida por manter sua estrutura de custos extremamente sob controle e investir em diferenciação.

Quando a organização já definiu os seus objetivos e as estratégias para realizá-los, é o momento de traçar um plano de ação, que é uma ferramenta que detalha todas as atividades necessárias para que o objetivo seja alcançado, considerando os prazos — e a 5W2H é ideal para esse trabalho. Trata-se de uma ferramenta que teve origem nos estudos da indústria automobilística japonesa sobre a qualidade, e em função de sua simplicidade e praticidade, é utilizada nas mais diversas áreas da organização que requerem um plano de ação. Facilita a estruturação das atividades e possibilita o acompanhamento da sua realização, dando um direcionamento ao processo do planejamento estratégico. O nome da ferramenta vem das iniciais, em inglês, das perguntas que propõe: what (o quê), why (por quê), where (onde), when (quando), who (quem), how (como) e how much (quanto custa).

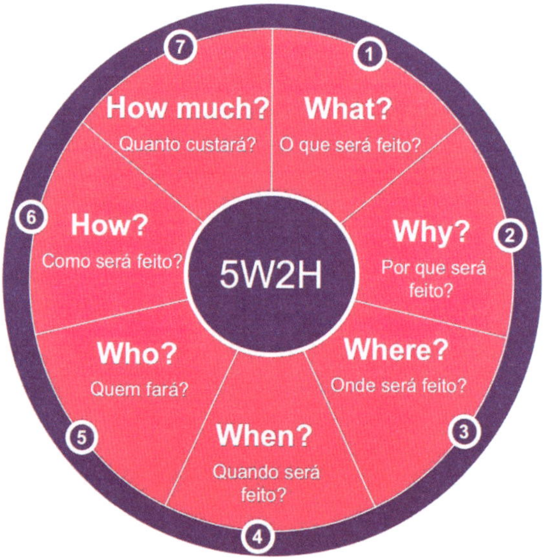

Figura 2.4 – 5W2H

Indicadores de desempenho

Criamos uma ferramenta 5W2H e nela distribuímos todas as atividades que deverão ser desenvolvidas para a realização dos objetivos propostos no planejamento estratégico. Agora o administrador deverá controlar o andamento das tarefas e medir seus resultados. Para isso, será necessário definir os indicadores de desempenho, que deverão estar totalmente alinhados aos objetivos estratégicos, a fim de refletir o progresso das atividades.

O processo de desenvolvimento de indicadores deve transcorrer com a participação e o envolvimento de todas as partes interessadas. Assim, a possibilidade de que os indicadores sejam de fato relevantes e aceitos por todos aumenta significativamente, pois incentivamos a corresponsabilidade. Depois de defini-los é importante que sejam comunicados com clareza para toda a organização, eliminando qualquer dúvida.

O próximo passo será fazer a análise e interpretação dos indicadores, e os resultados devem ser informados a todas as partes interessadas, pois todos devem estar a par do progresso dos trabalhos para que possam tomar decisões mais eficazes. Sempre que os indicadores apontarem desvios em relação aos objetivos será necessário adotar ações corretivas.

O que você acha de estruturar na prática um planejamento estratégico? Preencha a planilha a seguir conforme o que acabamos de estudar. O modelo está disponível pelo QR code.

★ **IMPORTANTE**

Existem várias ferramentas no mercado que podem ajudar a monitorar os indicadores de desempenho, como o Balanced Scorecard (BSC), dashboards de gestão e softwares de BI (Business Intelligence). Ao precisar de uma dessas ferramentas, busque por opções atualizadas, pois a tecnologia está em constante atualização.

Planejamento estratégico				
Análise de cenário	Forças	Oportunidades	Fraquezas	Ameaças
	Strengths	Opportunities	Weaknesses	Threats
Objetivo				
Metas				
Estratégia	**Meta 1**			
	Specific (específico)			
	Mensurable (mensurável)			
	Assignable (atribuível)			
	Realistic (realista)			
	Time-related (temporal)			
	Meta 2			
	Specific (específico)			
	Mensurable (mensurável)			
	Assignable (atribuível)			
	Realistic (realista)			
	Time-related (temporal)			
Plano de ação	**Meta 1**			
	What? (o quê?)			
	Why? (por quê?)			
	Who? (quem?)			
	Where? (onde?)			
	When? (quando?)			
	How? (como?)			
	How much? (quanto?)			
	Meta 2			
	What? (o quê?)			
	Why? (por quê?)			
	Who? (quem?)			
	Where? (onde?)			
	When? (quando?)			
	How? (como?)			
	How much? (quanto?)			

A escolha dos indicadores de desempenho a serem utilizados dependerá dos objetivos a serem alcançados. Apresentaremos alguns exemplos e voltaremos ao assunto no capítulo 5 deste livro.

Quadro 2.2 – Indicadores de desempenho

Receita	Quantidade vendida × preço de venda
Lucro líquido	Receita total – despesas totais
Margem de lucro	Lucro líquido/receita total × 100
Retorno sobre o investimento	Ganho do investimento – custo do investimento / custo do investimento × 100
Eficiência operacional	Produção realizada/produção projetada × 100

Key performance indicators (KPI)

É usual que indicadores de performance e key performance indicators (KPI) sejam referidos como se fossem a mesma coisa, no entanto, há uma diferença sutil entre esses conceitos. Os indicadores de desempenho são utilizados para medir diversas atividades e abrangem vários aspectos, desde operações diárias até de longo prazo, mas não necessariamente ligados a objetivos estratégicos específicos. Já os KPIs são indicadores-chave de desempenho e estão diretamente ligados aos objetivos estratégicos. São utilizados para medir os processos mais importantes para a realização da missão e visão da organização.

Objectives and key results (OKR)

Os objectives and key results (OKR), em português, são chamados de objetivos e resultados-chave. Devem descrever o que se deseja alcançar e ser SMART. Os resultados-chave são os indicadores que medem o desempenho em relação aos objetivos. Logo, os OKR são um modelo de gestão de desempenho cujos princípios ajudam as organizações a projetarem suas metas ao criar um ambiente de trabalho orientado a resultados com colaboração e transparência, alinhando os objetivos estratégicos às equipes.

Trabalhar com transparência, de maneira que todas as equipes tenham acesso aos OKR e atuem alinhadas com objetivos limitados evita a dispersão de esforços e proporciona foco e engajamento. Para garantir o engajamento e a medição dos resultados é fundamental que os objetivos sejam SMART. O sucesso é garantido quando os OKR são flexíveis e reajustados sempre que necessário.

Environmental, social and governance (ESG)

Nos anos 1990 surgiu a ideia do triple botton line, um conceito que envolve lucro, pessoas e o planeta, popularizado como o tripé da sustentabilidade. Essa ideia defende que a sustentabilidade é tridimensional e que é necessário haver harmonia entre essas três dimensões. É um construto que surgiu para se entender e abordar questões relacionadas ao meio ambiente, economia e sociedade. Não existe consenso em relação ao conceito que melhor expressa o seu significado, pois trata-se de uma ideia multifacetada. Atualmente, o conceito de sustentabilidade abrange várias dimensões a depender do contexto e da abordagem que se dá ao tema.

Figura 2.5 – Sustentabilidade

No ano 2000, Kofi Annan, então secretário-geral da ONU, promoveu o Pacto Global, considerado a maior iniciativa de sustentabilidade corporativa do mundo. Atualmente "é uma iniciativa voluntária baseada em iniciativas de CEOs para implementar princípios universais de sustentabilidade e tomar medidas para apoiar as metas da ONU" (Sobre..., 2024).

Na ocasião da proposta do Pacto Global, o secretário-geral apresentou o termo ESG (environmental, social and governance), traduzido para o português como ambiental, social e governança, com o objetivo de convencer investidores a não considerarem apenas o retorno financeiro em seus investimentos, mas também os impactos negativos e positivos sobre a sociedade, propondo atividades mais sustentáveis e responsáveis. O ESG pode ser considerado uma evolução à sustentabilidade ao integrar a dimensão da governança e dar maior garantia e responsabilidade às práticas sustentáveis.

Segundo a ONU, o termo ESG só se popularizou a partir da carta escrita em 2019 por Lary Fink, CEO do fundo de investimentos norte-americano BlackRock, em que afirmou que propósito e lucro são indissociáveis e que as empresas que cumprem com suas responsabilidades com as partes interessadas (stakeholders) colherão os frutos no longo prazo (Sobre..., 2024). A carta é considerada um marco importante para o ESG. A seguir, vamos entender as três dimensões do ESG.

Figura 2.6 – ESG

» E (environmental ou ambiental): engloba todas as táticas utilizadas pelas organizações para reduzir os impactos negativos que suas operações podem causar ao meio ambiente e para maximizar aquelas que o impactam positivamente.

Quadro 2.3 – Boas práticas para a dimensão E

	Boas práticas
E	Promover uma gestão de resíduos com prática de reciclagem, táticas de redução de resíduos e descarte adequado.
	Implementar um sistema de gestão energética com a adoção de tecnologias e equipamentos que reduzem o consumo.
	Investir em fontes de energia renováveis.
	Adotar práticas agrícolas sustentáveis que preservem os habitats naturais e fazer reflorestamento.
	Reduzir a emissão de carbono para evitar o impacto nas mudanças climáticas.

» S (social): essa dimensão é voltada à preocupação com as pessoas, tanto as que estão dentro da empresa como as que estão fora. Os investidores e as organizações estão cada vez mais conscientes da importância de cuidar das pessoas para garantir a longevidade de seus negócios. Adotar boas práticas no trato com as pessoas e padrões sociais elevados garantem sucesso sustentável a longo prazo.

Quadro 2.4 – Boas práticas para a dimensão S

	Boas práticas
S	Garantir o respeito aos direitos humanos por meio de práticas que favoreçam a diversidade, adotando atitudes antirracistas e que repudiem o trabalho infantil e forçado.
	Promover práticas que favoreçam a inclusão e a diversidade, garantindo oportunidades para todos os funcionários.
	Implementar políticas que garantam a saúde, o bem-estar e a segurança dos colaboradores.
	Contribuir para o desenvolvimento econômico da comunidade no seu entorno.
	Manter uma comunicação transparente com os stakeholders.

» G (governança): essa dimensão consiste no conjunto de regras, práticas e processos pelos quais uma organização é administrada. Visam a transparência e lisura na prestação de contas e o alinhamento dos interesses corporativos aos interesses dos stakeholders.

Quadro 2.5 – Boas práticas para a dimensão G

G	Boas práticas
	Adotar políticas claras de compliance (conformidade) que possibilitem o cumprimento rigoroso das leis, normas e regras que envolvam a sua atuação.
	Divulgar de maneira clara os resultados financeiros aos stakeholders.
	Adotar políticas e mecanismos antifraude, anticorrupção e antissuborno.
	Repudiar práticas de remuneração dos gestores que não reflitam a realidade.
	Garantir a integração do ESG às práticas organizacionais.

A sociedade demanda uma preocupação maior em relação às questões de ESG, e as organizações, para manterem-se competitivas, devem alinhar as decisões estratégicas com práticas e princípios de sustentabilidade e governança. Caso contrário, deixarão de gerar valor aos stakeholders, perdendo sua relevância no mercado. Integrar o ESG à declaração de missão da organização faz com que esta seja vista como uma empresa inovadora e socialmente responsável, tornando-se atraente aos investidores.

☛ Arrematando as ideias

Neste capítulo, aprendemos que administração estratégica envolve a definição de objetivos e as estratégias para realizá-los, e que tomar decisões sobre os recursos organizacionais implica um processo metódico chamado planejamento estratégico. Vimos as especificidades de cada um dos seus níveis; entendemos a importância da declaração da missão, o desenvolvimento da análise SWOT e de um plano de ação utilizando a ferramenta 5W2H. Conhecemos os indicadores de desempenho, que podem ser usados para medir a evolução dos planos estratégicos, e compreendemos as diferenças em relação aos KPI. Ainda na formulação de objetivos e suas métricas, estudamos os OKR, ou objetivos e resultados-chave. Para fechar nosso entendimento sobre a administração estratégica, aprendemos a importância de integrar táticas de ESG à administração estratégica.

3 Administração de projetos

Você já se perguntou o que é um projeto e o que ele pode criar?

Em algum momento da sua vida, você teve a oportunidade de desenvolver um projeto?

Embora o conceito de trabalhar com projetos possa parecer distante, ele está mais presente no seu dia a dia do que você imagina. Seja em um formato simples ou complexo, é provável que você já tenha realizado algum tipo de projeto.

Vamos explorar um pouco mais esse tema?

Os projetos têm características únicas e são temporários, o que não significa curta ou longa duração, mas sim começo e fim. A implementação de um projeto pode ocorrer em todos os níveis da organização (estratégico, tático e operacional), mobilizando várias pessoas ou apenas uma, o que dependerá do motivo de sua realização, de seus objetivos e da entrega de valor. No contexto organizacional, a gestão de projetos pode envolver mudanças estruturais, criação ou aprimoramento de novos produtos e serviços, implementação de tecnologia da informação, programas de sustentabilidade, melhorias nas linhas de produtos e serviços, campanhas de marketing e vendas, eventos, resultado único — como o desenvolvimento de um documento institucional —, entre outros. Veja a seguir alguns exemplos do que um projeto pode criar.

Novo produto

O trabalho por projetos pode promover o desenvolvimento de um novo produto, o aprimoramento de um já existente e até a criação de componentes. Vamos imaginar que somos uma empresa de tecnologia especializada no desenvolvimento de smartphones. Nesse contexto, podemos aplicar o trabalho por projetos para criar produtos, aprimorar um produto ou uma linha existente ou desenvolver novos componentes para o produto. No cenário a seguir, abordamos três demandas diferentes, que podem representar a elaboração de projetos, equipes e momentos distintos:

- » Produto: novo modelo de smartphone.
- » Aprimoramento: versões atualizadas a cada nova tecnologia desenvolvida.
- » Componente: fones de ouvido desenvolvidos para esse produto.

Melhorias nos processos de uma empresa

O trabalho por projetos pode implementar melhorias nos processos de uma empresa para reduzir falhas e desperdícios e aumentar a capacidade de entrega de valor. Vamos imaginar que somos uma empresa do ramo automobilístico e temos uma equipe na Fórmula 1. A cada temporada, necessitamos melhorar a performance e, para isso, nossas equipes desenvolvem projetos com a finalidade de introduzir novas tecnologias, reduzir falhas de segurança no automóvel e inovar para atender às necessidades e expectativas das partes interessadas nos projetos e na empresa ou superá-las. Veja, a seguir, dois cenários:

- » Aprimoramento: serviço prestado na parada dos boxes.
- » Componente: asa traseira desenvolvida para a temporada atual.

Os dois casos são exemplos de projetos organizacionais. Agora vamos pensar em um projeto que provavelmente você já desenvolveu ou sonha em realizar: a viagem dos sonhos!

Resultado único

Um projeto pode produzir um resultado único, como uma viagem. Nesse contexto, primeiro precisaremos identificar os objetivos: escolher o destino, o período, a duração, o transporte, a hospedagem, os locais a conhecer, a gastronomia e o investimento. Para que tudo ocorra bem, será necessário administrar, planejar, organizar, dirigir e controlar os recursos empreendidos para alcançar os objetivos estabelecidos e realizar a viagem dos sonhos.

Agora que sabemos o que um projeto pode criar, vamos apresentar aspectos e princípios do gerenciamento de projetos: metodologias e ferramentas, abordagens de desenvolvimento e os ciclos de vida. Escolhemos como norteador o Project management body of knowledge (PMBOK®), criado pelo Project Management Institute (PMI), uma entidade internacional que desenvolve esse manual do conhecimento em gerenciamento de projetos. O Guia PMBOK® é um documento constantemente atualizado, apresentando padrões internacionais e as melhores práticas de gerenciamento de projetos.

Aspectos do projeto

Segundo o PMI (2017), os aspectos de um projeto se referem às áreas de conhecimento em gerenciamento de projetos e são essenciais para que o projeto atinja seus objetivos com sucesso. As dez áreas são: integração, escopo, cronograma, custos, qualidade, recursos, comunicações, risco, aquisições e partes interessadas, conforme demonstrado na figura 3.1:

Figura 3.1 – Áreas de conhecimento em gerenciamento de projetos
Fonte: adaptado de PMI (2017).

Cada área apresenta os processos de gerenciamento, definindo entradas, saídas, técnicas e ferramentas para a condução do projeto:

- » Integração: responsável por definir os processos, as atividades e a integração dos demais elementos do projeto para garantir que funcione em harmonia e com concordância.
- » Escopo: inclui todo o trabalho necessário para se atingir o objetivo do projeto. É fundamental para descrever todas as tarefas que devem ser cumpridas para que um serviço, produto ou resultado seja apresentado com as particularidades previamente determinadas.
- » Cronograma: garante que o projeto se desenvolva no tempo estimado. Consiste em planejar, definir, sequenciar, estimar a duração de cada atividade, desenvolver e controlar os prazos.

- Custos: importante para que o projeto seja finalizado dentro do orçamento aprovado. Descreve estimativas, aloca e controla todos os desembolsos envolvidos nas atividades do projeto.
- Qualidade: garante que o projeto seja realizado, controlado e entregue conforme os requisitos de qualidade especificados.
- Recursos: envolve planejar, estimar, adquirir, desenvolver, gerenciar e controlar os recursos, sejam eles humanos (equipe e gerentes de projetos, técnicos, designers e consultores) ou físicos (equipamentos, materiais, infraestrutura e instalações).
- Comunicações: planeja, coleta e distribui informações sobre o desempenho do projeto.
- Riscos: descreve os processos envolvidos no planejamento, identificação, monitoramento, controle e análises quantitativa e qualitativa de riscos do projeto.
- Aquisições: processo de compra de produtos, serviços ou resultados para o projeto, envolvendo o planejamento, a condução e o controle de aquisições.
- Partes interessadas: processo que identifica os stakeholders que serão impactados pelo projeto, planeja, gerencia e monitora o engajamento e as expectativas das partes interessadas.

Cada uma das dez áreas de conhecimento demanda práticas e processos apropriados e é fundamental para o sucesso do gerenciamento do projeto. Com a rapidez das mudanças e o aumento das incertezas, complexidades e a falta de clareza (muitas vezes, dificuldade de conexão e interpretação de informações), o guia precisou se atualizar e, em sua sétima edição, apresentou os princípios do gerenciamento de projetos que veremos a seguir.

Princípios do gerenciamento de projetos

O PMI (2021) apresenta uma abordagem baseada em princípios para o gerenciamento de projetos. São diretrizes para estratégia, tomada de decisão e resolução de problemas. Vamos conhecê-los?

1. Seja um administrador diligente, respeitoso e atencioso.
2. Crie um ambiente colaborativo para a equipe de projeto.
3. Envolva-se de fato com as partes interessadas.
4. Concentre-se no valor.
5. Reconheça, avalie e reaja às interações do sistema.
6. Demonstre comportamentos de liderança.
7. Faça adaptações de acordo com o contexto do projeto.
8. Inclua qualidade nos processos e entregas.
9. Complexidade.
10. Otimize respostas ao risco.
11. Adote a capacidade de adaptação e resiliência.
12. Aceite a mudança para alcançar o futuro estado previsto (PMI, 2021).

Esses princípios contribuem para o desenvolvimento e gerenciamento de projetos mais flexíveis e ágeis e se adequam às rápidas transformações do ambiente de negócios. Outro ponto importante são os domínios de desempenho de projetos que se apresentam como aspectos que devemos reconhecer ao conduzir um projeto flexível e ágil: partes interessadas, equipe, ciclo de vida, planejamento, trabalho do projeto, entrega, medição e incerteza. Agora que já compreendemos como ocorre a estrutura de projetos, vamos conhecer as metodologias e ferramentas para sua realização.

Metodologias e ferramentas

Para realizar a administração e o gerenciamento de projetos, existem diversas metodologias: Kanban, Scrum, Lean, PRINCE2, Six Sigma e Project Model Canvas (que conheceremos a seguir com mais profundidade), entre outras. A escolha da metodologia correta servirá como guia para que o projeto seja iniciado, planejado, executado, monitorado e encerrado de forma eficiente e eficaz para o alcance dos objetivos estabelecidos.

Assim como existem diversas metodologias, também encontramos muitas ferramentas no mercado: SWOT e 5W2H, que vimos no capítulo 2; ciclo PDCA e diagrama de Ishikawa, que veremos no capítulo 5; gráfico de Gantt e algumas que se encontram em meios digitais, como Microsoft Project, Trello, Monday.com, Asana, entre muitas outras. As ferramentas ajudam a organizar tarefas, monitorar cronogramas, gerenciar recursos (físicos e humanos), melhorar a comunicação e até documentar o projeto, garantindo assim que os processos sejam concluídos conforme o planejado. Com tantas possibilidades, muitas vezes surgem perguntas:

» Qual metodologia melhor se adequa ao meu projeto?
» Quais ferramentas posso utilizar?

A resposta irá depender do tipo de projeto e de suas características e natureza. Ao iniciar um projeto é importante ter uma visão sistêmica e ao mesmo tempo holística, ou seja, analisar todas as partes do projeto, pois existe uma interconexão e muitas vezes uma interdependência entre elas. Agora, vamos conhecer a metodologia Project Model Canvas.

Project Model Canvas

A metodologia Project Model Canvas foi desenvolvida pelo brasileiro José Finocchio Júnior, consultor, professor e especialista em gerenciamento de projetos. Finocchio Junior relata em seu livro *Project Model Canvas: gerenciamento de projetos sem burocracia* que se inspirou no famoso modelo criado pelos autores Alexander Osterwalder e Yves Pigneur, o Business Model Canvas, utilizado para a criação de plano de negócios, que abordaremos no capítulo 6 deste livro.

O Project Model Canvas é uma metodologia inovadora de gerenciamento de projetos em que, de forma colaborativa, criativa e pragmática, diferentes pessoas constroem visualmente o planejamento do projeto, ou seja, o modelo mental. É simples e prático: para a sua construção, necessita apenas de post-its, canetas e folhas de flipchart.

Começamos com um quadro em branco, uma lógica predeterminada (da qual não podemos abrir mão), uma equipe e, ao final da construção coletiva, teremos o projeto planejado, que poderá já ser utilizado para execução ou como base para a transcrição de um modelo mais formal e documental. O modelo tem ainda 13 componentes, que são os conceitos-chave para o desenvolvimento de projetos:

1. Justificativa: o que motivou o projeto, as causas, os problemas, a situação atual.
2. Objetivo: o que se deseja atingir com o projeto de forma SMART (específica, mensurável, alcançável, realista e temporal).
3. Benefícios: o que se espera alcançar no futuro e os valores que serão gerados.
4. Produto: o que será desenvolvido (produto, serviço ou resultado único).
5. Requisitos: ligados à qualidade e a tudo que deve ser considerado para gerar o valor esperado pelo cliente.
6. Stakeholders e fatores externos: stakeholders externos são todos que podem ser afetados, envolvidos ou interessados pelo projeto; fatores externos são tudo o que possa afetar o projeto e deva ser monitorado.
7. Equipe: todos aqueles que irão trabalhar e efetuar entregas no projeto.
8. Premissas: suposições dadas como certas, mas que não estão no controle do gerente de projetos.
9. Grupos de entrega: partes do projeto atribuídas aos membros da equipe de acordo com suas especialidades. Podem ser entregas finais ou intermediárias.
10. Restrições: limitações impostas ao trabalho da equipe.
11. Riscos: incertezas futuras que cercam o projeto.
12. Linha do tempo: tempo de duração do projeto e desenvolvimento de cronograma.
13. Custos: estimativa de custos que o projeto irá gerar ao longo das entregas.

Esses componentes estão relacionados a seis perguntas fundamentais: Por quê?, O quê?, Quem?, Como?, Quando? e Quanto?. Ao preencher o Project Model Canvas, recomenda-se que as perguntas sejam respondidas nessa ordem. Para facilitar o entendimento dessa aplicação, apresentamos a figura 3.2, que leva em conta todos os componentes e perguntas.

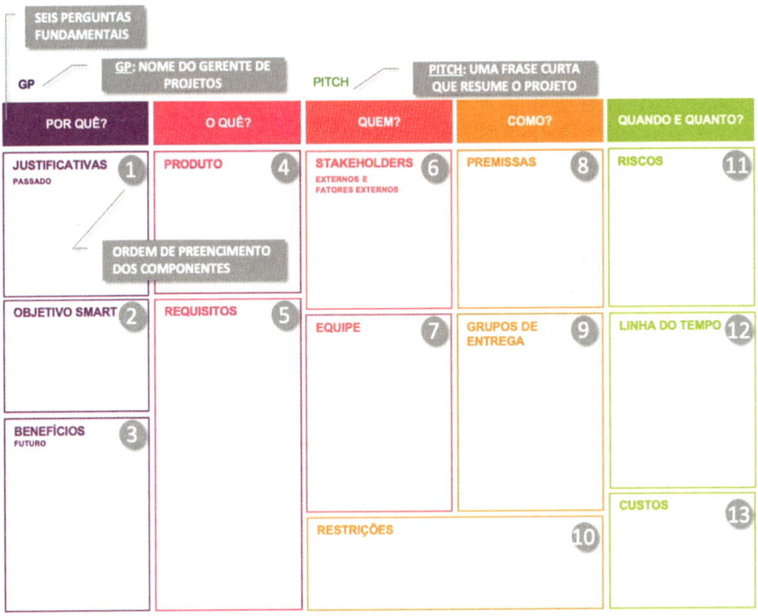

Figura 3.2 – Project Model Canvas
Fonte: adaptado de Finocchio Júnior (2013).

Segundo Finocchio Júnior (2013), o processo de construção da metodologia envolve quatro etapas fundamentais:

1. Conceber: seis perguntas são fundamentais nessa etapa: Por quê?, O quê?, Quem?, Como?, Quando? e Quanto?.
2. Integrar: para garantir a consistência e a integração de todos os blocos.
3. Resolver: os entraves por falta de informações ou contradições.
4. Comunicar e compartilhar: o planejado, pois servirá de base para gerar outros documentos, apresentações, cronogramas, orçamentos, entre outros.

Ao final da construção do Project Model Canvas é importante avaliar o que foi desenvolvido e analisar se todas as partes estão integradas. Caso não estejam, será necessário resolver, replanejar e alinhar o projeto. Com toda a integração atingida, o passo seguinte é comunicar e compartilhar, pois o projeto está pronto para ser transportado para outros documentos ou para a execução da ideia, a depender do grau de formalização da empresa.

★ NA PRÁTICA

Vamos exercitar o que aprendemos. Que tal desenvolver um projeto e colocá-lo em prática no Project Model Canvas? Você pode escolher o que desejar, um projeto pessoal ou profissional!

A seguir, na figura 3.3, apresentamos um modelo base para o desenvolvimento da metodologia para aplicar sua ideia. Disponibilizaremos um arquivo para impressão no QR code. Se preferir, poderá utilizar apenas post-its, canetas e uma folha de flipchart, ou ainda, desenhar o canvas à mão.

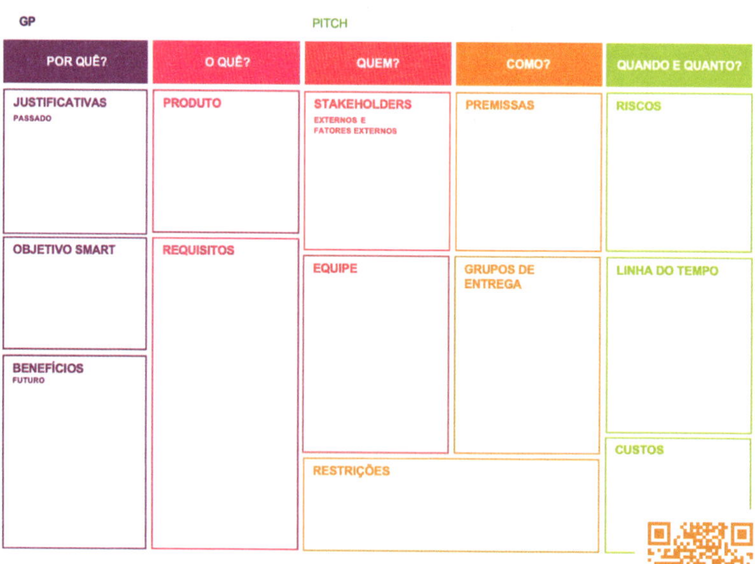

Figura 3.3 – Modelo para preenchimento Project Model Canvas
Fonte: adaptado de Finocchio Júnior (2013).

As metodologias e ferramentas aqui citadas são apenas um recorte do tema, mas vale refletir que todas contribuem para planejar, organizar, dirigir e controlar os recursos empreendidos no desenvolvimento e na administração de projetos, que podem ter diferentes formas de abordagem, como veremos a seguir.

Abordagem de desenvolvimento de projetos

As abordagens são diferentes formas de planejar, organizar, dirigir e controlar um projeto, e podem variar conforme a complexidade, a estrutura, o ambiente e a flexibilidade necessários. As abordagens mais utilizadas são: preditiva, híbrida, adaptativa e iterativa/incremental, conforme mostram o quadro 3.1 e a figura 3.4.

Quadro 3.1 – Abordagem de desenvolvimento

Preditiva	Híbrida	Adaptativa	Iterativa/ incremental
Projetos baseados em planejar e prever todas as etapas de forma detalhada antes de serem iniciados. É ideal para projetos com poucas mudanças e escopo definido.	Projetos que utilizam elementos das abordagens preditiva e adaptativa. Essa abordagem é normalmente utilizada quando há maior grau de incerteza ou risco em relação aos requisitos do projeto.	Projetos flexíveis, adaptativos a mudanças frequentes. É ideal em ambientes dinâmicos com alto nível de incertezas e volatilidade, que podem mudar ao longo do projeto.	Projetos que envolvem a repetição de ciclos, fases e/ou são divididos em pequenas partes. Iterativa: contribui para esclarecer requisitos do projeto. Incremental: produz uma entrega ao longo de várias iterações.

Fonte: adaptado de PMI (2021).

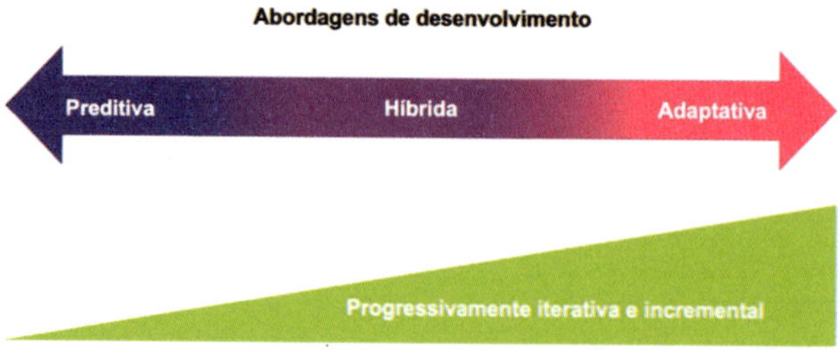

Figura 3.4 – Abordagens de desenvolvimento
Fonte: adaptado de PMI (2021).

A abordagem preditiva é entendida por muitos estudiosos como uma abordagem com métodos tradicionais na gestão de projetos, mas nem por isso deixa de ter importância ou de ser reconhecida e muito utilizada na gestão de projetos.

A abordagem adaptativa (ou metodologia ágil de gestão de projetos) surgiu com as necessidades emergentes de adaptação a novos cenários e mudanças constantes do ambiente de negócios. Necessitava-se de uma abordagem mais leve do que a proposta pelo método PMBOK®, principalmente em projetos de desenvolvimento de softwares.

Para ficar mais evidente a diferença entre as duas abordagens, apresentamos no quadro 3.2 uma comparação entre elas.

Quadro 3.2 – Comparação entre as abordagens preditiva e adaptativa

	Abordagem preditiva	Abordagem adaptativa
Foco	O foco reside em seguir os processos corretos da gestão de projetos: planejamento detalhado, execução conforme o plano, controle, organização e documentação.	O foco reside na entrega do produto e na satisfação do cliente.

(cont.)

Cliente	Maior envolvimento do cliente nas fases iniciais, principalmente na aprovação do escopo e nas fases finais de aceitação, vistoria ou testes.	Durante a execução, o envolvimento do cliente acontece a todo momento, com um representante do cliente presente no mesmo local físico da equipe do projeto.
Escopo	Amplamente discutido, detalhado, documentado e aprovado na fase de planejamento. Após essa fase, não se espera que um escopo bem definido sofra muitas mudanças.	O escopo geral é sumarizado e aprovado no início do projeto. Detalhes, requisitos e funcionalidades são solicitados conforme o projeto avança e o cliente passa a ter melhor entendimento sobre o produto.
Mudanças	Resistente a mudanças depois que o planejamento inicial foi concluído.	Aberto a mudanças em qualquer fase do projeto, mesmo perto do final.
Equipe	Equipe do projeto com média ou pouca autonomia. Reporta-se ao gerente de projetos ou a gerentes funcionais. O cliente não faz parte da equipe.	Equipe autônoma e independente, tem poder para tomada de decisões. O cliente integra a equipe por meio de seu representante.
Planejamento	Planejamento longo e detalhado no início do projeto.	O planejamento ocorre em ciclos pequenos de tempo: um pouco no início do projeto e o mínimo necessário antes do início de cada ciclo de iteração.
Execução	A execução deve seguir à risca o planejamento inicial; qualquer mudança deve passar por avaliação, aprovação e replanejamento.	A execução é feita em iterações (semanais, mensais, etc.); toda mudança é bem-vinda e programada para a próxima iteração.

Fonte: adaptado de Soler (2022).

Soler (2022) afirma que as duas abordagens atendem a diferentes tipos de projeto: a adaptativa se adequa a projetos com certo grau de precisão, e a ágil, a projetos com maior complexidade e grau de incerteza. Escolher a melhor abordagem, as metodologias as ferramentas mais adequadas para se administrar um projeto pode ser um desafio, mas acertar nessa escolha é fundamental para o seu sucesso. Para a tomada de decisão, deve-se considerar alguns critérios, tais como:

» cultura e estrutura organizacional;
» recursos disponíveis (humanos, financeiros, tecnológicos, intelectuais, físicos);

- tipo e natureza do projeto;
- complexidade e tamanho do projeto;
- grau de inovação e facilidade de mudança;
- escopo;
- riscos e requisitos do projeto;
- opções de entrega, cronograma e prazo de conclusão do projeto;
- partes interessadas.

É importante também analisar as funcionalidades que se deseja extrair das abordagens, combiná-las e adaptá-las conforme as características e necessidades e assim desenvolvê-las durante o ciclo de vida do projeto. Analisar todos esses critérios pode contribuir para melhores escolhas para se administrar um projeto.

Ciclo de vida do projeto

O ciclo de vida de um projeto é composto de uma sequência de fases/grupos de processos que vão desde a concepção até a finalização do projeto. Hoje essas estruturas são menos rígidas e podem se adaptar a diversas realidades. Apresentaremos algumas estruturas e as fases que compõem o ciclo de vida do projeto conforme a abordagem escolhida.

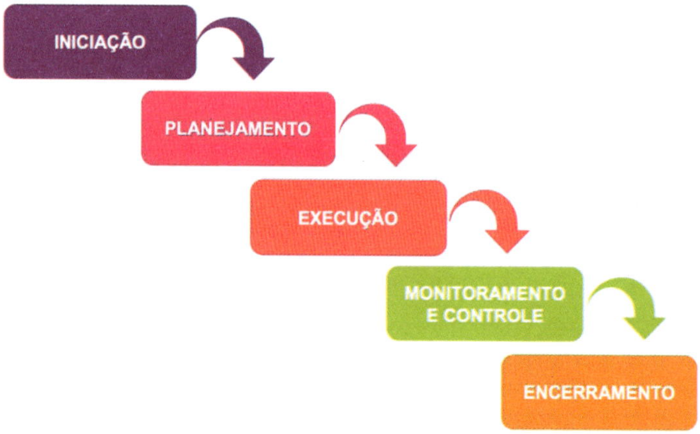

Figura 3.5 – Ciclo de vida com elementos tradicionais
Fonte: adaptado de PMI (2012).

Essas fases ou grupos de processos compõem uma estrutura básica para o gerenciamento de qualquer projeto. O ciclo de vida do projeto e suas fases, nessa estrutura, geralmente são sequenciais e contribuem para definir e controlar os processos, as atividades e todos os aspectos do projeto.

Cada projeto tem características próprias e pode variar entre pequeno e grande, simples e complexo, mas o que vale ressaltar é a importância da adaptação (tailoring) aos processos, ou seja, analisar o projeto e identificar quanto esforço despender em cada processo. Vamos explorar como cada fase contribui para o gerenciamento eficaz do projeto.

1. Iniciação: marca o início do projeto, quando os questionamentos básicos são efetuados; o objetivo, a viabilidade e os prazos são definidos; os recursos são avaliados; e o gerente do projeto é selecionado.
2. Planejamento: fase em que são definidas todas as atividades e a estratégia; ocorre o detalhamento de tudo o que é necessário para o projeto, ou seja, de todos os aspectos: escopo, cronograma, custos, equipe, qualidade, recursos, comunicação, riscos, aquisições e partes interessadas.
3. Execução: as atividades são executadas em conformidade com o planejamento. Ocorrem também atualizações, replanejamento e ajustes para que o projeto atinja suas metas e seu objetivo.
4. Monitoramento e controle: ações que ocorrem paralelamente à fase de execução. São realizados acompanhamento, medição e verificação do projeto com a finalidade de evitar desvios e falhas, mas de forma que, caso ocorram, possam ser corrigidos rapidamente.
5. Encerramento: fase em que ocorrem as entregas finais, quando é formalizado o fim do projeto e a conclusão das obrigações contratuais.

Para o sucesso do projeto é imprescindível o gerenciamento eficaz de cada fase que compõe seu ciclo de vida. Vejamos agora a figura 3.6, que apresenta um exemplo do fluxo do desenvolvimento e os limites do projeto.

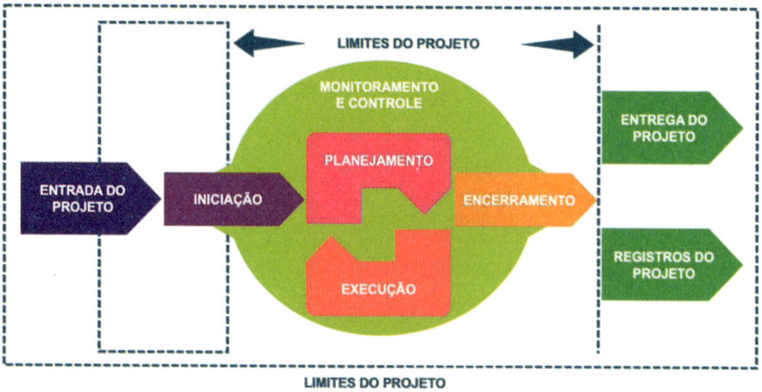

Figura 3.6 – Limites do projeto
Fonte: adaptado de PMI (2012).

Segundo o PMI (2021), em um ciclo de vida do projeto, o número de fases varia de acordo com o número de entregas e a abordagem escolhida. Veja na figura 3.7 um exemplo de ciclo de vida preditivo em que uma fase termina antes que a fase seguinte possa começar.

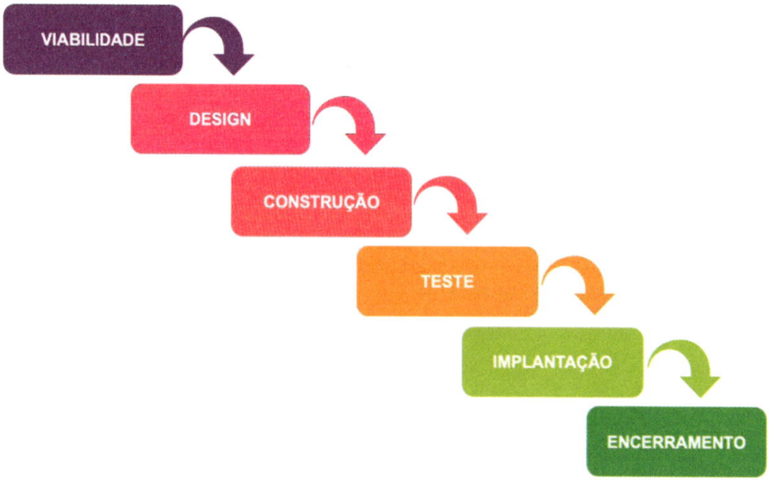

Figura 3.7 – Ciclo de vida preditivo
Fonte: adaptado de PMI (2021).

Na figura 3.8, demonstramos como ocorre o ciclo de vida com uma abordagem de desenvolvimento incremental. Nesse exemplo são apresentadas três iterações, cada uma adicionando uma nova funcionalidade à seguinte, até o encerramento do projeto.

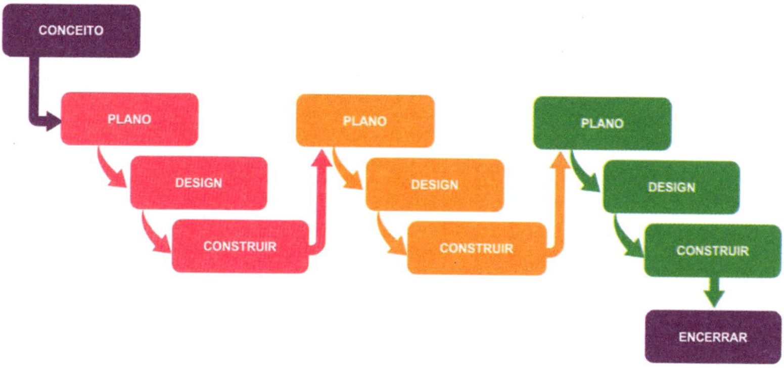

Figura 3.8 – Ciclo de vida na abordagem de desenvolvimento incremental
Fonte: adaptado de PMI (2021).

Para mostrar o ciclo de vida em uma abordagem de desenvolvimento adaptativa, apresentamos a figura 3.9. Observe que nesse exemplo existem três iterações, e ao final de cada uma delas o solicitante do projeto (parte interessada) analisa a entrega funcional. Ao fornecer um feedback, a equipe de projetos atualiza o backlog (uma lista de tarefas e funcionalidades), que precisa ser prioritariamente desenvolvido na próxima iteração.

Figura 3.9 – Ciclo de vida na abordagem de desenvolvimento adaptativa
Fonte: adaptado de PMI (2021).

A escolha do ciclo de vida será atrelada à abordagem de desenvolvimento e à metodologia escolhidas para o projeto. Vale ressaltar que diversas metodologias não usam o ciclo de vida, mas um cronograma baseado em fluxo, com o objetivo de diminuir desperdícios e melhorar a eficiência dos processos e as entregas do projeto.

★ **NA PRÁTICA**

Resgate o projeto que você desenvolveu no Project Model Canvas e analise em qual abordagem de desenvolvimento ele se encaixa melhor. Justifique sua escolha. Na sequência, desenvolva o ciclo de vida do projeto, conforme a abordagem escolhida.

Pronto, seu projeto está estruturado. Que tal colocá-lo em prática?

Arrematando as ideias

A administração de projetos envolve planejar, organizar, dirigir e controlar recursos para alcançar objetivos específicos. Para isso, considera aspectos como: escopo, cronograma, custo, qualidade, recursos, comunicações, riscos, aquisições, partes interessadas e integração. Os princípios de gerenciamento de projetos, como alinhamento estratégico e gestão de riscos, guiam esse processo. As metodologias e ferramentas contribuem para planejar, organizar, dirigir e controlar os recursos empreendidos no desenvolvimento e na administração de projetos.

Os projetos têm diferentes abordagens de desenvolvimento, que variam entre preditiva, híbrida, adaptativa ou iterativa e incremental, a depender das necessidades do projeto. O ciclo de vida do projeto inclui fases de iniciação, planejamento, execução, monitoramento e controle e encerramento. Ciclos de vida tradicionais seguem um plano sequencial, enquanto abordagens preditivas e incrementais permitem ajustes contínuos. A abordagem adaptativa responde rapidamente a mudanças, sendo ideal para ambientes dinâmicos. A escolha da metodologia, ou seja, a ferramenta e a abordagem corretas, é crucial para a administração de projetos bem-sucedidos.

4 Áreas da administração

No capítulo 1, aprendemos que Henri Fayol definiu as funções básicas das empresas como técnicas, comerciais, financeiras, de segurança, contábeis e administrativas. Enquanto Frederick Taylor focou seus estudos nas tarefas, Fayol mirou na departamentalização e na estrutura organizacional. Ele também defendia que essas funções são universais, aplicáveis em qualquer empresa. Ao propor a departamentalização, Fayol vislumbrava uma forma de organizar e estruturar as empresas com o objetivo de aumentar a sua efetividade. Criar um departamento associando funções correlatas facilitaria a coordenação dos processos, possibilitando também maior especialização e foco nas tarefas.

Quadro 4.1 – Funções da empresa para Fayol

Função	Descrição
Técnicas	Desenvolvidas na produção de bens ou serviços.
Comerciais	Envolvem as transações de trocas.
Financeiras	Relacionadas às transações com o capital.
Segurança	Destinadas à proteção de bens e pessoas.
Contábeis	Atividades de inventário, registros, custos e balanços.
Administrativas	Têm o objetivo de coordenar e sincronizar as outras, e são cruciais para a eficácia da empresa.

Essas funções foram o ponto inicial da administração moderna e evoluíram ao longo do tempo. Atualmente, não se trata mais de funções da empresa, e sim de áreas ou departamentos. As seis funções iniciais já não dão mais conta de atender às demandas das empresas modernas, e suas estruturas são organizadas em departamentos que atendem às demandas do mercado. Assim, cada empresa nomeia seus departamentos de acordo com suas particularidades, a fim de que os objetivos estratégicos sejam realizados com eficiência. Além disso, as áreas da empresa na administração moderna precisam ser extremamente flexíveis para se adaptarem às novas formas de trabalho, como a administração por projetos, que exige constante formação de equipes multidisciplinares. Reflita sobre as áreas que existem na empresa em que você trabalha. Consegue reconhecer nelas as funções que Fayol definiu?

Todas as ações das áreas da administração devem estar alinhadas para a realização dos objetivos estratégicos. Aqui a analogia de que todos devem remar na mesma direção é aplicável, e disso depende o sucesso da organização. Nesta obra trataremos das seguintes áreas: gestão de pessoas, logística, finanças, marketing e comercial.

★ IMPORTANTE

Você observou que Fayol não relaciona nenhuma função da empresa às pessoas? Ocorre que até a experiência em Hawthorne, que Elton Mayo conduziu na Western Electric Company, as pessoas eram ignoradas, vistas apenas como parte das engrenagens das máquinas. A experiência de Hawthorne revelou o que nos parece óbvio hoje: para melhorar a produtividade é necessário cuidar das pessoas, com todas as suas complexidades emocionais, sociais e psicológicas.

Gestão de pessoas

Uma pessoa jurídica é formada por várias pessoas físicas, ou seja, uma organização só existe porque pessoas fazem parte de seu quadro de colaboradores. Chiavenato (2010) afirma que os termos com que as organizações nomeiam as pessoas que nelas trabalham dizem muito sobre o papel, a importância e o valor a elas atribuídos.

Quadro 4.2 – Termos para as pessoas

Associados	Horistas	Operários
Capital humano	Improdutivos	Pessoal
Capital intelectual	Mão de obra	Produtivos
Colaboradores	Mão de obra direta	Recursos humanos
Empregados	Mão de obra indireta	Talento
Funcionários	Mensalistas	Trabalhadores

Qual dos termos acima é utilizado na empresa em que você trabalha?

As pessoas devem ser vistas por sua real importância, uma vez que elas são as responsáveis pelo sucesso ou fracasso de uma estratégia, portanto, são cruciais para o desenvolvimento sustentável e a vantagem competitiva de uma organização. Gil (2019) afirma que a gestão de pessoas é uma sucessão da administração de recursos humanos, e a história dessa área está alinhada à história da própria administração.

Quadro 4.3 – Evolução histórica da área de gestão de pessoas

Teoria	Principais contribuições
Administração científica	• Criação do departamento de pessoal na B. F. Goodrich. • Criação do departamento de pessoal na National Cash Register Company. • Racionalização do trabalho, simplificação das tarefas, coordenação de esforços para aumentar o lucro (Taylor). • Atribuição da capacidade técnica de conhecer, prever, organizar, comandar, coordenar e controlar (Fayol). • Trabalho especializado, produção em massa, boa remuneração e jornada menor para aumentar a produtividade (Ford).
Escola de relações humanas	• Valorização das relações humanas, refinamento da ideologia da harmonização entre capital e trabalho. • Trabalhadores colaborando na empresa e satisfazendo suas necessidades sociais e psicológicas. • As atividades da seção de pessoal se resumiam à admissão, ao pagamento de salário e aos desligamentos.
Relações industriais	• Após a Segunda Guerra Mundial, houve uma intensificação do poder dos sindicatos de trabalhadores. As empresas passaram a se preocupar com questões relacionadas às condições de trabalho e à concessão de benefícios, e a seção de pessoal passou a se chamar departamento de relações industriais.
Administração de recursos humanos	• Os resultados dos estudos dos teóricos da década de 1960, como Abraham Maslow, Douglas McGregor e Frederick Herzberg, influenciaram fortemente na transição de um departamento focado em atividades rotineiras para um departamento voltado às atividades motivacionais, de avaliação de desempenho e de treinamentos para desenvolvimento de novas competências. • Começou-se a utilizar a expressão administração de recursos humanos para as atividades de administração de pessoal, e a teoria geral de sistemas de Bertalanffy foi considerada uma das influências para essa nova nomenclatura.
Administração estratégica de recursos humanos	• Na década de 1980, surgiu a expressão administração estratégica de recursos humanos, pois percebeu-se a necessidade de considerar as pessoas como uma força geradora de vantagem competitiva.
Gestão de pessoas	• O termo utilizado desde a década de 1990 é gestão de pessoas, em função do reconhecimento de que o capital intelectual é um dos fatores determinantes do sucesso de uma organização. Os trabalhadores passam a ser considerados pessoas, não mais recursos ou patrimônio, mas parceiros ou fornecedores de conhecimentos, habilidades e inteligência.

Fonte: adaptado de Gil (2019).

Como vimos, houve uma evolução do nome dado ao conjunto de atividades que, a princípio, envolvia apenas a contratação e o pagamento de pessoas e foi se estendendo à medida que as relações inerentes ao contrato de trabalho se modificaram. No entanto, é importante salientar que, no que se refere à gestão de pessoas nas empresas brasileiras, a evolução não ocorreu exatamente dessa forma. Muitas organizações adotaram o novo nome para a área, mas isso não significa necessariamente que a empresa faz a gestão das pessoas, pois para isso, segundo Gil (2010), é necessário que de fato ocorra uma mudança nas relações e as pessoas não sejam tratadas como recursos, e sim como parceiras.

★ **PARA REFLETIR**

Qual é o nome dessa área na empresa em que você trabalha? Você acha que as empresas brasileiras reconhecem os trabalhadores como parceiros ou fornecedores de conhecimentos, habilidades e inteligência?

Gestão humanizada

Passado o tempo de, como diz o ditado, "manda quem pode e obedece quem tem juízo", as organizações modernas hoje valorizam um tipo de gestão que traz o ser humano para o centro dos negócios de forma efetiva, enfatiza os valores humanos universais e contabiliza a felicidade dos stakeholders como um resultado estratégico. Essa é a emergente gestão humanizada.

A experiência de Hawthorne, conduzida por Elton Mayo entre os anos de 1927 e 1932, foi um marco histórico que trouxe evidências concretas sobre a importância de atender às necessidades pessoais pelo bem-estar e desenvolvimento dos funcionários e para alcançar resultados econômicos expressivos. O grande desafio está em criar sinergia entre os propósitos organizacionais e pessoais. O alinhamento perfeito ocorre quando a organização se torna um meio para que o colaborador possa expressar e realizar seu propósito pessoal.

Os elementos que compõem a gestão humanizada baseiam-se principalmente em fatores observados nos relacionamentos interpessoais que ocorrem no cotidiano das organizações e estão apresentados no quadro 4.4.

Quadro 4.4 – Pressupostos da gestão humanizada

Observação	Observar a forma como as relações interpessoais são estabelecidas, a cultura, a dinâmica organizacional; construir diagnóstico com o objetivo de aumentar a valorização do colaborador e melhorar as relações.
Liderança integral	Essa abordagem implica equilibrar e integrar diferentes aspectos da liderança, como autoconhecimento, empatia, propósito, flexibilidade e vivência dos valores humanos.
Estar presente	Consiste na presença do gestor nas relações interpessoais, priorizando o contato, independentemente de cargo ou função.
Escuta empática	Colocar-se no lugar da outra pessoa, praticando uma escuta que foca as emoções e sentimentos do interlocutor.
Feedback	Deve ser utilizado com o objetivo de desenvolver as pessoas, ao reforçar o que deve ser mantido e apontar caminhos.
Visão sistêmica	Entender a organização e a interdependência entre as áreas leva o gestor a uma maior compreensão das relações interpessoais.
Formação de equipes	Desenvolver equipes comprometidas com a qualidade de seus resultados, criando sinergia a partir da tolerância e outros valores humanos.
Planejamento	Instrumento a ser desenvolvido de forma a contribuir para o bem-estar, o desenvolvimento dos stakeholders e o alinhamento dos objetivos organizacionais e pessoais.
Espiritualidade	Deve ser reconhecida, mantida, nutrida e respeitada no ambiente organizacional.
Gratidão	Consiste em reconhecer e valorizar as contribuições dos colaboradores e incentivar essa prática entre colegas.
Legado para a humanidade	A construção de um legado humanista vai além das relações organizacionais. A gestão humanizada possibilita impactar positivamente a vida das pessoas.

Fonte: adaptado de França (2019 apud *Sausen* et al.*, 2019).*

Ao considerar a gestão humanizada um modelo de gestão emergente, estamos diante de um paradoxo. O termo "emergente" se justifica pelo fato de que, apesar de as primeiras descobertas científicas sobre a importância de se dar atenção às necessidades do colaborador e de se estabelecer um ambiente de trabalho saudável terem ocorrido entre 1927 e 1932, muitas organizações estão começando a integrar os princípios da gestão humanizada em suas práticas somente agora. Assim, seus fundamentos não são novos, mas sua aplicação e reconhecimento têm ganhado força e relevância apenas nos últimos anos.

Diversidade e inclusão

Ao refletir sobre diversidade e inclusão, devemos sempre considerar que não se aplicam apenas aos aspectos que envolvem um ambiente. Diversidade diz respeito ao pluralismo, à presença e à valorização de fatores que diferenciam as pessoas em determinado contexto. Pode incluir características como gênero, idade, etnia, condição física, religião, formação, perspectivas e ideologias. Para que a organização seja plural, é necessário que haja ações que favoreçam a inclusão e um ambiente em que todas as pessoas se sintam valorizadas e respeitadas e a diversidade não esteja apenas presente, mas valorizada e integrada na cultura da organização.

Ter uma equipe diversa, combinando diferentes pontos de vista, abordagens e culturas promove a criatividade e inovação e evita o viés cognitivo provocado quando todos pensam da mesma forma. As empresas têm adotado ações que melhoram o ambiente de trabalho, criado comitês de diversidade e inclusão e realizado treinamentos de sensibilização. Entretanto, há muitos desafios a serem enfrentados para a formação de equipes plurais, a começar pela própria falta de representatividade, pois o fato de não haver diversidade na liderança pode inibir ações que favoreçam as decisões de contratação e promoções.

Logística

Os processos de planejar, implantar e controlar fluxos de mercadorias, serviços e informações são atividades desenvolvidas pela área de logística, com a função de abastecer a organização. Esses processos devem ser realizados como um serviço que agrega valor ao cliente, e as atividades devem estar integradas às atribuições de outras áreas para que os objetivos estratégicos sejam realizados. Brasil e Pansonato (2018 *apud* Oliveira, 2024) destacam as seguintes atividades e funções da logística:

- **Processos relacionados aos pedidos:** a recepção dos pedidos é o início de todas as atividades logísticas. Dar sequência ao fluxo do pedido e acompanhar o seu desenvolvimento garante que o cliente receba o que pediu com precisão e no prazo acordado, impactando positivamente sua satisfação.
- **Gerenciamento de transporte:** envolve a atividade de planejamento do transporte e tem início na escolha correta do modal a ser utilizado, passando pela definição do roteiro e pelo acompanhamento deste até a entrega do pedido ao cliente.
- **Gestão dos estoques:** envolve o planejamento dos produtos armazenados, desde a aquisição até a distribuição. Essa operação deve ser eficaz para garantir que não faltem insumos na linha de produção e que a mercadoria não fique tempo desnecessário na área de armazenamento, o que garante rentabilidade para a operação e satisfação para o cliente.
- **Armazenagem:** consiste na gestão do espaço físico, possibilitando que os produtos sejam guardados preservando suas características originais, assegurando que estarão organizados e disponíveis quando necessário.
- **Movimentação dos materiais:** refere-se ao transporte de produtos acabados, insumos, matérias-primas, equipamentos e ferramentas de um local para outro, dentro da empresa ou entre filiais.
- **Embalagem:** uma embalagem adequada é fundamental para o transporte dos produtos, a fim de protegê-los contra danos, avarias, contaminações, umidade, entre outros. Uma embalagem bem projetada deve prever a otimização do espaço de armazenamento

e transporte e facilitar o seu manuseio, além de minimizar os custos envolvidos.

» Compras: as atividades relacionadas às compras certificam que a empresa tenha acesso a todos os recursos necessários para operar de forma eficaz. Devem estar alinhadas aos objetivos estratégicos da organização e promover a redução de custos e a eficiência operacional.
» Abastecer a produção: tem o objetivo de atender às necessidades das linhas de produção, disponibilizando os materiais na quantidade certa, a fim de impedir que a produção seja interrompida. A metodologia just in time, considerada adequada para atender a essa função, visa aumentar a eficiência ao reduzir o desperdício, pois a ideia é que a empresa receba apenas aquilo de que precisa e quando for necessário, de modo a maximizar o estoque.
» Sistema de informação: para uma gestão da logística adequada é fundamental a escolha de um enterprise resource planning (ERP), ou seja, um sistema de planejamento de recursos empresariais que integre todas as atividades e funções logísticas e controle as atividades, gere indicadores e embase as tomadas de decisão dos gestores.

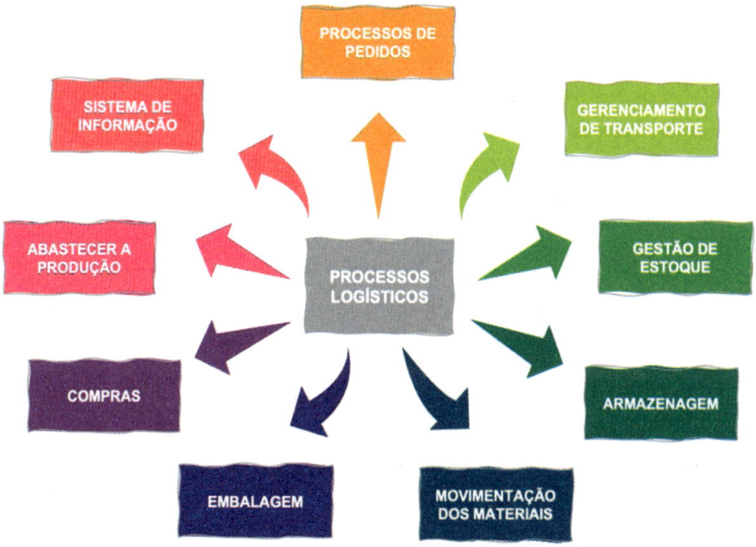

Figura 4.1 – Processos logísticos

Fonte: adaptado de Brasil e Pansonato (2018 apud *Oliveira, 2023).*

★ **PARA REFLETIR**

Agora que você conhece as atividades e funções que envolvem a área de logística, qual delas gostaria de conhecer melhor? Considera alguma mais importante para a área?

Cadeia de suprimentos

As atividades da logística garantem a movimentação dos produtos de forma eficaz entre os diversos elementos da cadeia de suprimentos. Podemos afirmar que a logística é um componente vital, focado na movimentação e armazenamento, enquanto a cadeia de suprimentos atua em um escopo maior, incluindo todos os processos necessários para a entrega do produto ou serviço ao consumidor. Conhecer a cadeia de suprimentos é fundamental para o administrador, pois isso promoverá operações logísticas mais produtivas, sem gargalos e com o menor custo possível, além de monitorar os padrões estabelecidos para a qualidade e garantir que todos os elementos da cadeia gerem valor ao consumidor. Mas afinal, o que é a cadeia de suprimentos?

Cadeia de suprimentos, também conhecida pelo termo em inglês supply chain, consiste em todos os estágios que envolvem direta ou indiretamente o atendimento ao cliente. Sua principal função é atender, da melhor forma possível, às necessidades do consumidor. Cada elemento da cadeia de suprimentos deve operar gerando valor aos clientes e lucro para as empresas (Chopra; Maindl, 2002 *apud* Almeida, 2022).

O gerenciamento da cadeia de suprimentos começa antes da distribuição física do produto, o que significa suprir estrategicamente os insumos, transformá-los em produtos acabados e providenciar que cheguem às mãos do destinatário. Ter a visão da cadeia de suprimentos pode ajudar a identificar os melhores fornecedores e distribuidores. Fazer a gestão efetiva da cadeia de suprimentos pode trazer retornos significativos para as organizações (Kotler; Keller, 2018).

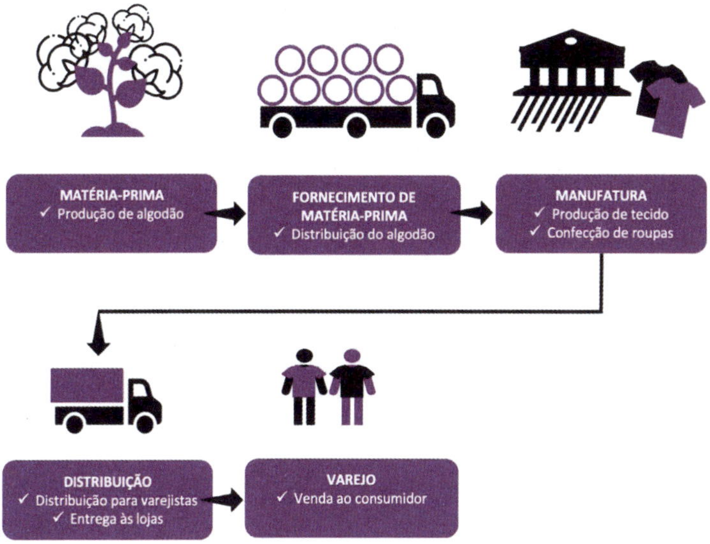

Figura 4.2 – Cadeia de suprimentos do algodão

★ **PARA REFLETIR**

Vamos refletir sobre as cadeias de suprimentos. Quais elementos você acha que compõem a cadeia de suprimentos de um automóvel? E a cadeia de suprimentos da carne, como é constituída?

Logística reversa

A sustentabilidade está cada vez mais presente nas estratégias das organizações e a área de logística pode contribuir atuando com as operações de logística reversa, que consiste em um conjunto de ações com o objetivo de resgatar produtos e embalagens após o consumo. Faz a operação inversa da logística tradicional, devolvendo os produtos descartados de volta ao ponto de origem, o fabricante.

A sociedade em geral tem se mobilizado pela sustentabilidade. As gerações mais jovens têm esse valor muito bem definido e já podemos perceber um aumento no número de consumidores dispostos a pagar mais por produtos de empresas que adotam práticas responsáveis de produção e distribuição. Esse movimento, associado a políticas amigáveis ao meio ambiente, tem incentivado as empresas a adotarem processos de logística reversa.

Para as empresas, são muitas as vantagens em implantar a logística reversa, como a redução de custos por meio da reutilização de materiais e remanufatura ou reciclagem de componentes; o fortalecimento da imagem e reputação; atender à legislação ou se antecipar a futuras exigências fiscais; engajamento comunitário ao envolver os consumidores; além, logicamente, de atuar de forma ecologicamente responsável. Para implantar um projeto de logística reversa, o administrador deve desenvolver as etapas descritas no quadro 4.5.

Quadro 4.5 – Etapas do projeto de logística reversa

Etapa	Descrição
A	Definição das metas e dos objetivos a serem alcançados.
B	Escopo com requisitos e etapas.
C	Sequência das etapas e atividades que serão desenvolvidas e definição do tempo para a realização.
D	Orçamento com detalhamento de custos e análise de viabilidade.
E	Baseando-se no escopo, nessa etapa definem-se os recursos necessários à realização do projeto.
F	Planejamento detalhado das etapas com o objetivo de aproveitar ao máximo os recursos.
G	Elaboração do cronograma e disponibilização, para que os envolvidos acompanhem a realização das etapas do projeto.
H	Mapeamento dos riscos de todo o projeto com o objetivo de identificar as possibilidades de ocorrência e elaborar estratégias para mitigá-los.

Fonte: adaptado de Luz e Boostel (2018 apud *Oliveira, 2023).*

★ **PARA REFLETIR**

Já pensou na possibilidade de propor um projeto de logística reversa na empresa em que você trabalha? Aproveite a dica das etapas apresentada no quadro 4.5 e revisite o capítulo 3 para desenvolver o seu projeto.

Finanças

Vamos recordar as quatro funções administrativas que vimos no capítulo 1, que são: planejar, organizar, dirigir e controlar. A área de finanças é essencial para o desenvolvimento da função de controle de todas as atividades da organização. É a área que faz a gestão dos recursos financeiros, por meio dos processos de contas a pagar e receber, tesouraria, contabilidade, fiscal, tributário, faturamento e orçamento. Conheça a seguir as subáreas de finanças.

Faturamento

A partir do momento em que a área comercial, que veremos ainda neste capítulo, efetiva uma venda, é necessária a emissão da nota fiscal. A maioria das empresas emite suas notas fiscais de serviços pelo site da prefeitura do município em que atua. As notas fiscais eletrônicas (NF-e) de outras operações são emitidas pelo Sistema Público de Escrituração Digital (SPED). A NF-e tem valor fiscal e permite que a empresa cobre pelo serviço executado ou pelo produto vendido.

Tesouraria

O objetivo da tesouraria é garantir a saúde financeira da organização. Suas atividades consistem em gerenciar o fluxo de caixa, certificando-se de que todos os recebíveis e pagamentos sejam realizados. Executa a conciliação bancária a fim de que os registros internos sejam exatamente os mesmos registros ocorridos nas contas bancárias. Participa do planejamento financeiro e aponta a necessidade de recursos ou a disponibilidade para investimentos. Identifica e monitora possíveis riscos financeiros e é responsável pelas aplicações ou captações de recursos no mercado financeiro.

Contas a receber

É todo valor que a empresa tem o direito a receber sobre as vendas que foram realizadas a prazo. Com base na NF-e, emite-se um boleto que é encaminhado ao cliente. O sistema bancário oferece o DDA (débito direto autorizado), que é um serviço que permite ao devedor visualizar os boletos emitidos por seus credores, o que elimina a necessidade de enviá-los de forma física ou digital. Essa transação será registrada na contabilidade como uma conta a receber e cobrada no prazo combinado entre as partes, por meio do boleto. Esse processo exige acompanhamento para garantir que os recebimentos ocorram.

Contas a pagar

Cuida de todo valor que a empresa deve a seus fornecedores e credores. O setor de contas a pagar efetua operações que possibilitam que todos os fornecedores recebam por seus produtos ou serviços conforme o contratado. Normalmente, o setor registra ou concilia o registro do sistema de gestão com os boletos recebidos ou os DDA apontados pelo sistema bancário e prepara os lotes para o pagamento, que é efetivado pela tesouraria. Faz a conciliação entre os registros do sistema de gestão e os extratos bancários para certificar-se de que todos os pagamentos ocorreram, evitando com isso onerar a operação com multas e juros.

Contabilidade

É comum as empresas terceirizarem suas atividades contábeis. O administrador faz a intermediação entre o escritório de contabilidade e a empresa e disponibiliza aos colaboradores as informações necessárias. A contabilidade é essencial para uma gestão financeira eficaz. É ela quem registra todas as transações financeiras de forma sistêmica; elabora os relatórios financeiros, como a demonstração do resultado do exercício (DRE); apura os devidos impostos da operação; cumpre com as obrigações acessórias entregando declarações aos órgãos públicos; avalia a situação financeira por meio de indicadores; faz o controle patrimonial mediante inventários e depreciações; e apresenta o resultado econômico com o balanço patrimonial.

Fiscal

É uma subárea de finanças muito importante e que exige que o profissional esteja extremamente atento à Legislação que envolve as operações da empresa e tenha controle absoluto dos prazos para entrega das informações ao Fisco, uma vez que atrasos geram multas que podem comprometer o fluxo de caixa da empresa. Para manter a conformidade fiscal é necessário apurar os impostos e solicitar seus pagamentos ao contas a pagar, elaborar as declarações ao Fisco e fazer a gestão das obrigações acessórias, dentro dos prazos estabelecidos em lei, além de auditar os processos constantemente para identificar e corrigir possíveis distorções e orientar as outras áreas nas questões fiscais.

Orçamento

Para tomar decisões de forma segura e eficaz, os administradores devem se basear em informações precisas. A subárea de orçamento é responsável por suprir a gestão com informações financeiras, econômicas e de tendências de mercado. É responsável pelo planejamento orçamentário, ou seja, um relatório de entradas e saídas de recursos financeiros com projeções que podem ser diárias, semanais, mensais ou anuais, a depender do objetivo. Faz o controle desse planejamento monitorando as projeções em relação ao que está sendo realizado, revisa e faz ajustes sempre que necessário. Apresenta análises de desempenho das finanças da organização sempre que demandado.

Figura 4.3 – Subáreas de finanças
Fonte: adaptado de Salgado (2023).

★ **PARA REFLETIR**

O que você achou da área de finanças? Percebeu que para atuar nessa área é necessário gostar de números? A maioria das atividades exige cálculos, mas depois que se pega gosto pela área, não é tão complicado!

Marketing

É comum entender que o marketing se resume a atividades de propaganda e vendas. Kotler e Keller (2018, p. 3) consideram a administração de marketing como "a arte e a ciência de selecionar mercados-alvo e captar, manter e fidelizar clientes por meio da criação, entrega e comunicação de um valor superior para o cliente". Esse conceito deixa claro que marketing é um processo, e não um evento. Ainda segundo os autores, para entender o processo de marketing é necessário compreender seus conceitos centrais, que veremos na sequência.

Conceitos centrais de marketing

Necessidades, desejos e demanda

Necessidade é a privação de algo. O primeiro pensador a estudar as necessidades humanas foi Abraham Maslow (1943), autor da pirâmide de Maslow, que apresentamos no capítulo 1. Maslow hierarquizou as necessidades humanas e demonstrou que nos motivamos a satisfazer às necessidades de acordo com sua relevância.

Kotler e Keller (2018) afirmam que necessidades são os requisitos básicos do ser humano, como comida, ar, água, roupas, abrigo, recreação, instrução e diversão, e que estes tornam-se desejos quando direcionados a objetos específicos. O marketing não cria necessidade de consumo, mas direciona essas necessidades ao desejo, gerando demanda para algo específico, como uma marca. Entretanto, o marketing considera demanda apenas desejos por produtos específicos que estejam sustentados pela capacidade de compra.

Mercado

Termo que se refere a um grupo de clientes ou potenciais compradores de uma empresa. Há o mercado consumidor, mercado organizacional, mercado global, mercado sem fins lucrativos, mercado digital, entre outros.

Mercados-alvo, posicionamento e segmentação

Nem sempre é viável atender a todo um mercado que demanda os produtos ou serviços que a empresa oferece. As empresas atuam segmentando os seus mercados e, para isso, utilizam bases demográficas, psicográficas, comportamentais e geográficas. Após identificar o seu mercado-alvo pela segmentação, os profissionais de marketing trabalham para posicionar sua oferta na mente dos consumidores, enfatizando os benefícios envolvidos na transação.

Valor e satisfação

Valor é o resultado de quanto benefício os clientes percebem na transação, deduzindo os custos percebidos (V = B – C). Logo, quanto mais benefícios se percebe em detrimento dos custos, maior será o valor dado à transação. Os profissionais de marketing se empenham em elaborar uma proposta de valor que atenda às necessidades de seus clientes e que gere satisfação. O construto satisfação reflete os julgamentos comparativos que fazemos em relação ao desempenho de um produto, serviço ou uma marca.

Ofertas e marcas

As necessidades são atendidas por meio de um conjunto de benefícios, que são as ofertas de valor que as empresas preparam para seus clientes. Essa oferta pode ser a combinação de bens, serviços, informações e experiências dos quais o cliente perceba valor. Uma marca é a oferta de valor de uma fonte conhecida. Os profissionais de marketing se empenham para estabelecer uma imagem de marca favorável e exclusiva.

Canais de marketing

Para cumprir suas funções, o marketing utiliza três tipos de canal: de comunicação, de distribuição e de serviços. Os canais de comunicação enviam e recebem as mensagens dos consumidores (jornais, revistas, televisão, correios, telefones fixos e móveis, outdoors, cartazes, folhetos, arquivos de áudios e vídeos, internet, pontos de venda físicos e virtuais, redes sociais, etc.). Os canais de distribuição, que podem ser diretos ou indiretos, são formados por intermediários e têm a função de apresentar, vender ou entregar os bens e serviços aos seus consumidores. O canal de serviços, formado por armazéns, transportadoras, bancos, fintechs, administradoras de cartão de crédito, seguradoras, entre outros, tem a função de facilitar a realização de transações com os compradores.

Mídia paga, conteúdo próprio e mídia orgânica

As opções de comunicação podem ser agrupadas em três categorias:

» Mídia paga: TV, revistas, banners eletrônicos e impulsionamento por patrocínio.
» Conteúdo próprio: canais de comunicação próprios como sites, blogs, redes sociais.
» Mídia orgânica: comunicação espontânea, feita pelos consumidores, pela imprensa ou outros. São os virais, buzz e o boca-a-boca eletrônico.

Impressões e engajamento

As impressões ocorrem quando os consumidores visualizam a comunicação. São usadas como métricas para verificar o alcance da comunicação e para comparar tipos de comunicação. Já o engajamento é o envolvimento ativo do consumidor com a comunicação, por exemplo, as curtidas, comentários e compartilhamentos de uma publicação.

Cadeia de suprimentos

Falamos sobre esse conceito quando abordamos as funções de logística. No marketing, o foco está em garantir que cada processo esteja alinhado à geração de valor que se propõe ao cliente. Kotler e Keller (2018) afirmam que problemas na cadeia de suprimentos podem ser prejudiciais e mesmo fatais para as organizações.

Concorrência

Todas as ofertas e os substitutos (reais ou potenciais) que um comprador possa levar em consideração para efetivar suas compras devem ser analisados como concorrentes. Restringir a concorrência apenas àqueles que fornecem o mesmo produto é um erro.

Ambiente de marketing

O microambiente e o macroambiente compõem o ambiente de marketing. Segundo Kotler e Keller (2018), o microambiente é constituído pelos participantes imediatos da produção, distribuição e promoção da oferta, e o macroambiente é formado por seis componentes: demográfico, econômico, sociocultural, natural, tecnológico e político-legal.

Figura 4.4 – Conceitos centrais de marketing

Fonte: adaptado de Kotler e Keller (2018).

Mix de marketing

É impossível falar em marketing sem citar os 4 Ps. No início dos estudos sobre a disciplina, Jerome McCarthy classificou várias atividades de marketing em quatro tipos: product, price, place e promotion, traduzidos para o português como produto, preço, praça (ou ponto) e promoção. Na 15ª edição da obra *Administração de marketing*, Kotler e Keller (2018) nos apresentam mais 4 Ps, acrescentando pessoas, processos, programas e performance como um conjunto mais representativo, que envolve as realidades do marketing moderno. Na sequência, apresentamos as atividades que compõem cada um desses Ps.

Quadro 4.6 – Mix de marketing

8 Ps	Descrição
Produto	Envolve variedade, qualidade, design, características, nome da marca, embalagem, tamanhos, serviços, garantias e devoluções.
Preço	Diz respeito a preço de tabela, descontos, bonificações, prazo de pagamento, condições de financiamento.
Praça	Canais, cobertura, sortimentos, locais, estoque e transporte.
Promoção	São as promoções de vendas, propaganda, força de vendas, relações públicas e marketing direto.
Pessoas	Envolve enxergar a importância das pessoas para o sucesso das ações de marketing. Os funcionários e os consumidores em toda sua complexidade.
Processos	Demonstram a criatividade, a disciplina e a estrutura integradas na administração de marketing.
Programas	Envolvem todas as atividades da empresa que têm como objetivo o consumidor, incluindo os tradicionais 4 Ps.
Performance	Todos os possíveis indicadores de resultados que tenham implicações financeiras e não financeiras e inclusive que extrapolem o espaço da empresa, como responsabilidade.

Fonte: adaptado de Kotler e Keller (2018).

Comercial

Conforme a seção anterior, o marketing cria meios para que o comercial gere as receitas. A área comercial é responsável também por garantir que o cliente tenha experiências positivas com a empresa e influencia a sua decisão de compras ao criar relacionamentos sólidos e garantir satisfação. A equipe comercial é dimensionada de acordo com o conceito de negócio da organização e seus objetivos estratégicos. A seguir, veremos os principais processos pertinentes a essa área tão importante para o sucesso das organizações.

Vendas

Segundo Ratto (2019, p. 17), "venda é o processo de comunicação que ocorre entre aqueles que têm algo a vender e aqueles que se interessam por adquirir algo. Ela se realiza a partir do contato e da troca de informações entre comprador e vendedor". É o meio pelo qual a área comercial gera receitas e garante a longevidade do negócio. Esse processo pode acontecer das mais variadas formas, como venda direta e indireta, on-line ou presencial; e são muitas as nomenclaturas de cargos relacionados à função de vendas, conforme podemos ver no quadro 4.7.

Quadro 4.7 – Nomenclaturas dos cargos que desenvolvem a função de vendas

Nomenclatura	Descrição
Gerente de contas	Gerencia contas de clientes, garantindo satisfação e continuidade dos negócios.
Representante de desenvolvimento de negócios (BDR)	Atua com foco em identificar novas oportunidades de negócios.
Consultor de vendas	Atua em vendas técnicas, dando suporte técnico ao cliente.
Coordenador de vendas	Coordena atividades da equipe e apoia o gerente.
Executivo de vendas	Gerencia as contas e faz atendimento direto.
Gerente de vendas	Lidera a equipe de vendas e define estratégias para atingir metas.
Vendas internas	Realiza vendas internas, geralmente por telefone ou on-line.
Promotor de vendas	Atua nos pontos de vendas promovendo os produtos.
Representante comercial	Atua como intermediário entre a empresa e os clientes, muitas vezes em um território específico.
Representante de vendas	Atua na prospecção e manutenção de clientes
Representante de desenvolvimento de vendas (SDR)	Focado na prospecção e qualificação de leads.
Vendedor	Faz o atendimento direto ao cliente com o objetivo de vender.

Fonte: adaptado de Ratto (2019).

Tipos de venda

Business-to-business (B2B) é o tipo de venda que ocorre entre empresas. Pessoas jurídicas transacionam com outras pessoas jurídicas em um mercado organizacional. Quando a transação acontece entre empresas e consumidores trata-se de business-to-consumer (B2C). Podem acontecer transações de vendas entre empresas para atender a um consumidor final e, nesse caso, ocorre o business-to-business-to-consumer (B2B2C) (Lima, 2020).

Processo de vendas

Kotler e Keller (2018) afirmam que as principais etapas envolvidas em qualquer processo eficaz de vendas são: prospecção e qualificação; pré-abordagem; apresentação e demonstração; superação de objeções, fechamento; e acompanhamento e manutenção. A aplicação dessas etapas pode variar, conforme veremos a seguir:

» Prospecção e qualificação: consiste em identificar e avaliar quais clientes potenciais têm maior probabilidade de se tornarem efetivos. Esse processo é importante para que a equipe de vendas possa focar energia em clientes mais promissores. O uso de tecnologias com inteligência artificial possibilita que essa atividade seja cada vez mais precisa, o que otimiza o trabalho da equipe de vendas.

» Pré-abordagem: refere-se ao processo de conhecer o cliente, obtendo o máximo de informações a respeito de suas necessidades, para propor a solução mais adequada. O uso de pesquisas e a estruturação de um planejamento são fundamentais nesta etapa. O vendedor deve conhecer o cliente no que diz respeito a quem, quando, onde, como e por quê.

» Apresentação e demonstração: o vendedor deve apresentar a oferta de valor para o cliente e enfatizar os benefícios do produto ou serviço, de modo a minimizar possíveis custos que possam ser percebidos. Quando possível, fazer uma demonstração de como utilizá-lo e descrever suas características físicas.

» Superação de objeções: na venda é comum que o cliente apresente objeções, cabendo ao profissional de vendas superá-las, mantendo uma abordagem positiva. Pedir que o comprador esclareça a objeção e questioná-lo de forma que responda às próprias objeções, negar a objeção ou utilizá-la para fortalecer o motivo da compra são algumas estratégias que podem ajudar. Entretanto, é necessário que os gestores da área disponibilizem treinamentos e programas de capacitação para desenvolver as competências específicas em suas equipes comerciais.

» Fechamento: os compradores emitem alguns sinais de fechamento que os profissionais de vendas devem estar preparados para identificar e, imediatamente, apresentar o contrato ou preparar a comanda para a efetivação da venda.

» Acompanhamento e manutenção: logo após o fechamento, o profissional de vendas deve tratar dos detalhes para que o cliente receba seus produtos ou serviços exatamente conforme foi combinado. Esse procedimento de pós-venda é fundamental para garantir a satisfação e fidelidade do cliente.

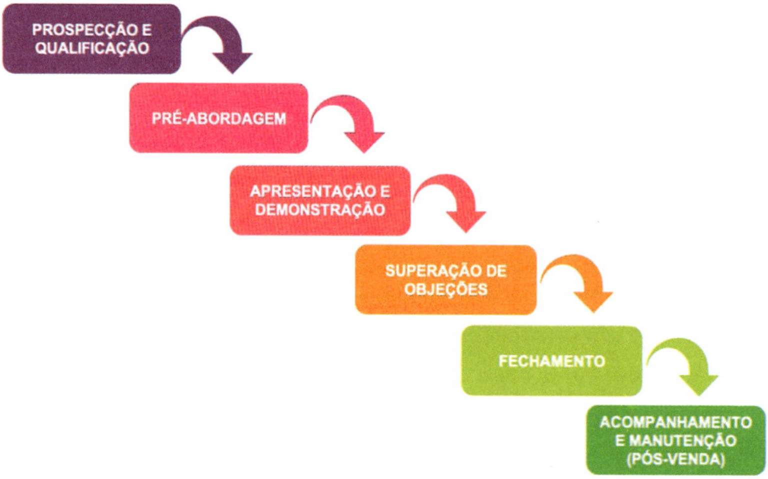

Figura 4.5 – Etapas de vendas

Canais de vendas

Os meios pelos quais uma empresa comercializa os seus produtos ou serviços são chamados de canais de vendas, que têm a função de conectar empresas a clientes. Podem ser diretos, quando a empresa se conecta diretamente com seu cliente, ou indiretos, quando utiliza intermediários.

- **Principais formatos de canais diretos:** lojas físicas em shoppings, lojas de rua, quiosques e showrooms; lojas virtuais, que são acessadas pela internet e utilizam plataformas eletrônicas de comércio eletrônico, conhecido como e-commerce; as redes sociais, que também são canais pelos quais as empresas podem vender seus produtos ou serviços diretamente aos seus consumidores.
- **Principais formatos de canais indiretos:** distribuidores, revendedores ou marketplaces, que são plataformas eletrônicas que reúnem vários vendedores, como Mercado Livre, Amazon, Shopee, entre outros. Muitas empresas estão utilizando esses canais para efetivarem suas vendas.

Atendimento inclusivo

Com o objetivo de oferecer experiências positivas aos clientes, as empresas modernas estão alinhando seus negócios a um conjunto de práticas que promovem a acessibilidade e a inclusão nos serviços que prestam, garantindo tratamento justo e respeitoso. Uma das principais questões a serem observadas é a acessibilidade da infraestrutura. Adotar as melhores práticas do desenho universal garante que os serviços sejam utilizados por todas as pessoas, independentemente de suas necessidades. Além disso, capacitar a equipe para conviver com a diversidade com sensibilidade e empatia e desenvolver a habilidade da equipe no atendimento personalizado faz a empresa adaptar-se às necessidades dos clientes. Essas são algumas medidas que favorecem o atendimento inclusivo nas organizações.

Arrematando as ideias

Este capítulo ofereceu uma visão simplificada e resumida das áreas da administração, com o objetivo de destacar a importância e as principais funções desenvolvidas em cada uma delas. Na área de gestão de pessoas, vimos sua evolução no tempo e demos destaque à gestão humanizada, um modelo que foca o bem-estar e o desenvolvimento dos colaboradores. Estudamos as práticas de diversidade e inclusão, que garantem a igualdade de oportunidades e valorizam as diferenças individuais.

Compreendemos também que é a área de logística que gerencia o fluxo de bens e serviços e nos envolvemos com a cadeia de suprimentos e a logística reversa. Passamos pela área de finanças, responsável pela estabilidade econômica da empresa. Aprendemos que o marketing é um processo, vimos seus conceitos centrais e seus famosos Ps. Na área comercial, aprendemos sobre os tipos de venda e canal, o atendimento inclusivo e o processo de vendas. Sobretudo, aprendemos que as áreas são interdependentes e devem estar engajadas na realização dos objetivos estratégicos.

5 Gestão da qualidade

Os primeiros estudiosos da qualidade nos processos produtivos foram Armand V. Feigenbaum, Joseph M. Juran e Winston Edwards Deming, na década de 1950. Deming define qualidade como "o sentir orgulho pelo trabalho bem-feito". Já a International Organization for Standardization (ISO) enfatiza que qualidade é "o grau no qual um conjunto de características inerentes a um objeto satisfaz a um requisito" (ABNT, 2015, p. 27).

★ **PARA REFLETIR**

Você já pensou sobre os seus critérios de avaliação da qualidade em relação a um serviço ou produto? O tempo de entrega é sempre um critério importante? O que você acha da cortesia no atendimento? É fundamental?

Ao refletir sobre o conceito de qualidade, chegamos à conclusão de que a avaliação da qualidade de um objeto, seja produto, serviço, pessoa ou organização, é um processo subjetivo. Os conceitos de qualidade estão relacionados à percepção (qualidade percebida) e a um conjunto de características e sentimentos de expectativa (qualidade esperada) que satisfazem a alguns requisitos preestabelecidos na mente do consumidor.

Para garantir que uma organização atenda às necessidades e expectativas dos clientes, melhorando continuamente seus processos, produtos e serviços, é necessária uma abordagem sistemática, que inclua a definição de políticas de qualidade e investimentos contínuos em mecanismos de melhoria. Assim, surge a necessidade de fazer a gestão desses processos.

A gestão da qualidade visa conscientizar todos os colaboradores sobre a importância de entregar o melhor para os clientes. É fundamental ter uma definição clara de responsabilidade em todos os níveis e promover uma filosofia baseada na melhoria contínua. A qualidade deve ser considerada uma prioridade estratégica. A gestão da qualidade deve incorporar uma rotina de planejamento, projetos e ações voltadas para o alcance dos objetivos estratégicos.

É impossível falar sobre gestão da qualidade sem falar da Associação Brasileira de Normas Técnicas (ABNT), entidade responsável por desenvolver, aprovar e publicar normas que padronizam e garantem a melhor qualidade, segurança e eficiência em procedimentos, práticas aplicadas ao desenvolvimento de produtos e serviços. Se você já fez algum trabalho acadêmico, certamente está familiarizado com as normas que regulamentam a formatação desses trabalhos, como citações, referências e estruturas. Uma das funções da ABNT é representar o Brasil na ISO – Organização Internacional de Padronização. Além disso ela adota, adapta e implementa as normas ISO no Brasil.

Neste capítulo, conheceremos um pouco sobre a NBR ISO 9000, uma norma genérica que se desmembra em outras mais específicas, formando uma "família". Essa ISO apresenta diretrizes para a gestão da qualidade e já passou por várias revisões desde sua criação, em 1987. A versão de 2015 introduz sete princípios universalmente aplicados na gestão da qualidade e que orientam sua implementação. Esses princípios fornecem uma base sólida para melhorar o desempenho organizacional de maneira sustentável.

Quadro 5.1 – Princípios da ISO 9000

Função	Descrição
Foco no cliente	O foco no cliente envolve compreender e atender às suas necessidades, aos seus desejos e expectativas, garantindo que todos os aspectos do negócio estejam alinhados para proporcionar valor, além de ouvir e identificar todos os requisitos acordados no início da contratação.
Liderança	É papel do líder estar envolvido e envolver seus liderados. Um líder engajado influencia e motiva sua equipe, assegurando que a política e os objetivos de qualidade estejam alinhados estrategicamente. Uma liderança eficaz promove unidade de propósito.
Engajamento das pessoas	Para implementar e manter uma filosofia orientada à qualidade é necessário que todas as pessoas estejam envolvidas e comprometidas com os objetivos de qualidade. O engajamento das pessoas refere-se à participação ativa e ao comprometimento dos colaboradores em todos os níveis da organização.
Abordagem de processo	Gerenciar os processos é de extrema importância para se alcançar resultados de qualidade. Isso envolve conhecer e entender os processos, estabelecer as responsabilidades por cada atividade, definir e monitorar métricas, reduzir desperdícios e retrabalho.
Tomada de decisão baseada em evidências	Para a organização trabalhar com processo de tomada de decisão baseada em evidências é necessário criar uma cultura que valorize a análise de dados e as informações. Isso inclui a capacitação de colaboradores, investir em tecnologia de análise de dados e estabelecer processos formais para a coleta e revisão de dados.
Melhoria	Os processos, produtos ou serviços podem ser constantemente aperfeiçoados por meio de pequenas e contínuas mudanças incrementais. A busca pela melhoria contínua aumenta a eficiência dos processos, a qualidade e a satisfação dos clientes.
Gestão de relacionamento	Ao investir em estratégias eficazes de relacionamento, as organizações podem aumentar a satisfação e a lealdade dos seus stakeholders (todas as partes interessadas ou influenciadas por suas decisões), promovendo o sucesso de suas atividades.

Fonte: adaptado de ABNT (2015).

Mapeamento de processos

Para planejar a qualidade de forma eficaz, é essencial compreender todos os processos detalhadamente. Isso envolve descrever cada atividade individualmente, já que um processo é composto de um conjunto de atividades interligadas que conduzem aos resultados desejados em uma operação. Visualizar cada atividade permite que as estratégias de qualidade sejam estabelecidas com base nos processos de maior valor agregado, ou seja, aqueles mais críticos, que têm maior impacto nos critérios de avaliação do cliente.

★ PARA REFLETIR

As empresas operam por meio de inúmeros processos, mas você já parou para pensar nisso? Quantos processos foram desenvolvidos para que você esteja lendo agora este conteúdo? Quantos foram necessários para que você esteja vestido da maneira como está neste momento?

Podemos classificar os processos em três categorias:

» Processos estratégicos: caracterizados pelo alinhamento aos objetivos principais da organização, são aqueles que possibilitam a realização das metas e objetivos macro. Trata-se de processos que garantem a estabilidade para que a empresa supere seus desafios e mantenha o foco nos objetivos. Exemplos: processos de gestão de pessoas; transformação digital; ESG, entre outros.

» Processos de negócios: ligados ao atendimento das necessidades dos clientes, contribuem para a geração de valor para estes. Por meio de análises, monitoramento e melhorias desses processos, as organizações conseguem atender às expectativas de seus clientes e garantir vantagem competitiva. Exemplos: processo de desenvolvimento de produtos, vendas, produção, entrega de produtos, etc.

» Processos de suporte: oferecem suporte aos processos anteriores (estratégico e de negócios), possibilitando a realização e garantindo seu funcionamento. Exemplos: processos administrativos, manutenção, informática, gestão financeira, gestão de compras, entre outros.

A análise criteriosa dos processos leva as empresas a identificarem erros, ineficiência, desperdício, retrabalho e riscos, além de possibilitar o planejamento e a execução da melhoria dos processos, o que é denominado mapeamento do processo. O objetivo principal dessa técnica é fornecer uma visão clara e detalhada de como o trabalho é realizado, identificar ineficiências e áreas de melhoria e garantir que os processos estejam alinhados com os objetivos estratégicos da organização. Assim, para um mapeamento de processos eficaz, são necessários alguns cuidados. Vamos refletir sobre eles.

Para começar, é fundamental definir claramente os objetivos do mapeamento, quais processos precisam ser mapeados – geralmente, aqueles que são críticos para a operação ou que apresentam problemas conhecidos serão os primeiros a serem analisados. Em seguida, fazer o desenho do fluxo do trabalho com fluxogramas, por exemplo, com todas as atividades que compõem o processo. Depois, realizar uma análise crítica – é importante fazer um diagnóstico real da situação atual do processo. Serão necessárias informações sobre o processo que será analisado, tais como: objetivo, cliente, limites iniciais e finais, responsável, fornecedores, entre outras. Por fim, avaliar o fluxo do trabalho que compõe o processo para identificar ineficiências, gargalos e áreas que necessitem de melhorias.

Com base na análise realizada, já podemos propor melhorias considerando os objetivos do mapeamento, sugerir indicadores de desempenho para garantir a eficácia dos processos, comunicar as melhorias propostas e treinar os envolvidos no processo para que todos compreendam e executem os novos processos. Não podemos esquecer de criar documentos como manuais de procedimentos e registrar as melhorias implementadas.

Na sequência, é necessário acompanhar os resultados das mudanças por meio dos indicadores de desempenho e assegurar sua eficácia e o alinhamento com os objetivos estratégicos da organização. Feito isso, é importante garantir que a melhoria contínua seja encorajada na organização para que a qualidade seja prioridade e parte da cultura. Os processos devem ser revisados constantemente a fim de que resultem em melhorias reais e sustentáveis.

O mapeamento de processos traz muitos benefícios, um deles é a organização. Quando os processos são mapeados, sabe-se o que deve ser feito, pois as atividades são listadas numa sequência. Os processos tornam-se mais eficientes e otimizados, gargalos são identificados e atrasos, facilmente corrigidos.

Sistemas de gestão da qualidade (SGQ)

A ABNT NBR ISO 9000 define sistema de gestão da qualidade (SGQ) como o conjunto de atividades pelas quais a organização busca realizar seus objetivos de qualidade. O SGQ envolve a interação de processos e recursos que agregam valor às partes interessadas, permitindo otimizar os recursos necessários na produção de produtos e/ou serviços. Assim, um SGQ é composto de políticas, processos e procedimentos que integram diversos aspectos da gestão da qualidade, desde a definição de padrões e processos até a implementação de práticas que garantam a consistência e a melhoria contínua.

★ PARA SABER MAIS

Você sabia que um sistema é formado por várias partes que se inter-relacionam e que todo sistema tem um objetivo para a sua existência? Os sistemas operam com entradas (inputs) que são processadas (processos) e resultam em saídas (outputs). Em muitos sistemas, as saídas são usadas como feedbacks, uma nova entrada para ajustar o seu funcionamento, como no caso dos SGQ.

Implantar um SGQ é uma decisão estratégica que deve estar alinhada aos objetivos da organização e envolve muitas etapas. Exige comprometimento total da alta direção, a elaboração de políticas claras de qualidade, manuais de qualidade, procedimentos operacionais padrão (POPs), instruções de trabalho e registros e fornecimento de todos os recursos. A NBR ISO 9001 fornece a estrutura para implementar um SGQ.

Conhecer o mercado consumidor ao qual a organização atende é um fator importante para se implantar um SGQ. Familiarizar-se com as expectativas de qualidade do consumidor possibilita alinhar produtos e serviços, garantindo maior satisfação e fidelidade. Isso é possível fazendo-se pesquisas de mercado, com coleta contínua de feedback dos clientes, e monitoramento dos processos por meio de indicadores de desempenho.

Indicadores de desempenho

São métricas utilizadas para medir o desempenho de uma organização, departamento ou processo específico, usadas para embasar as tomadas de decisão, pois ajudam na compreensão da performance dos processos sob várias perspectivas.

★ PARA REFLETIR

Vamos imaginar que você seja muito bom em um game, mas ao jogar com determinada pessoa, ela pontuou mais que você. Ficaria nervoso com a pessoa que teve melhor desempenho? Desistiria de jogar com ela ou refletiria sobre as estratégias que ela utilizou e criaria as suas para superá-la na próxima vez?

Estabelecer indicadores de desempenho que reflitam as expectativas dos consumidores e comparar os padrões de qualidade com os dos concorrentes e líderes de mercado pode garantir a eficácia do SGQ e proporcionar uma vantagem competitiva. A criação e a utilização de indicadores de desempenho são importantes para controlar os resultados. No que se refere à qualidade, os indicadores devem ter como base os critérios estabelecidos pela organização para o controle da qualidade da produção do bem ou do fluxo de trabalho. É essencial revisá-los e ajustá-los regularmente para garantir que sigam contribuindo para a melhoria contínua dos processos.

Veja no quadro 5.2 exemplos de indicadores de desempenho que impactam diretamente no SGQ.

Quadro 5.2 – Indicadores de desempenho

Qualidade do produto/ serviço	Taxa de defeitos	Número de produtos defeituosos / total de produtos produzidos × 100
	Índice de conformidade	Número de produtos conformes / total de produtos produzidos × 100
	Taxa de retorno de produtos	Número de produtos devolvidos / total de produtos vendidos × 100
	Índice de reclamações de clientes	Número de reclamações / total de produtos vendidos × 100
Satisfação do cliente	Índice de satisfação do cliente	Resultado de pesquisas de satisfação
	Net promoter score (NPS)	% de promotores – % de detratores
	Taxa de retenção de clientes	Número de clientes no final do período – número de novos clientes / número de clientes no início do período × 100
	Tempo de resolução de problemas	Tempo médio para resolver reclamações de clientes
Eficiência operacional	Eficiência do processo	Produção real / produção planejada × 100
	Tempo de ciclo de produção	Tempo médio para completar um ciclo de produção
	Taxa de utilização dos recursos	Horas de operação reais / horas de operação disponíveis × 100
	Taxa de retrabalho	Tempo gasto em retrabalho / tempo total de produção × 100
Desempenho financeiro	Custo da qualidade	Custos de prevenção, avaliação e falhas / receita total × 100
	Retorno sobre o investimento em qualidade (ROI)	Benefícios da qualidade – custos da qualidade / custos da qualidade × 100
	Custo de não conformidade	Custo total de produtos não conformes / receita total × 100
Desempenho de fornecedores	Índice de qualidade dos fornecedores	Número de entregas conformes / total de entregas × 100
	Tempo de entrega dos fornecedores	Tempo médio de entrega dos fornecedores
	Taxa de rejeição de fornecedores	Número de entregas rejeitadas / total de entregas × 100

(*cont.*)

Melhoria contínua	Número de ações corretivas e preventivas	Total de ações corretivas e preventivas implementadas em um período
	Taxa de implementação de melhorias	Número de melhorias implementadas / total de sugestões de melhorias × 100
	Índice de inovações implementadas	Número de inovações implementadas / total de propostas de inovações × 100
Desempenho dos colaboradores	Índice de treinamento e desenvolvimento	Horas de treinamento / número total de colaboradores
	Taxa de conformidade dos funcionários	Número de conformidades em auditorias / número total de auditorias × 100
	Produtividade dos funcionários	Receita ou produção por colaborador

Certificações

Não basta trabalhar com qualidade, é necessário obter uma certificação que valide essa qualidade. Para isso, é necessário que a organização implemente um SGQ e, ao final do processo, contrate uma certificadora credenciada pela Coordenação Geral de Acreditação do Instituto Nacional de Metrologia, Qualidade e Tecnologia (Inmetro), que avaliará, por meio de auditorias em documentação e processos operacionais, se há evidências de conformidade com o conjunto de normas 9000.

As certificadoras, por sua vez, precisam ser acreditadas por organismos de acreditação nacionais ou internacionais, como o Inmetro no Brasil, que verifica se a certificadora tem a competência técnica necessária para realizar auditorias e emitir certificações.

★ **PARA SABER MAIS**

Você sabia que as empresas certificadoras têm a função de garantir que as organizações do mundo todo trabalhem com padrões rigorosos de qualidade? Que elas precisam ser acreditadas por organismos de acreditação – é essa mesmo a palavra, acreditação –, soa estranho, não é? São órgãos de avaliação de conformidade, que checam se os procedimentos adotados estão em conformidade ou de acordo com as normas regulamentadoras.

As certificações são importantes para estabelecer uma vantagem competitiva sobre a concorrência e aumentar a eficiência, pois ajudam a identificar e eliminar gargalos e ineficiências nos processos. Além disso, auxiliam as empresas a atenderem demandas fiscais e podem abrir portas do mercado internacional, pois comprovam a qualidade e eficiência de seus processos.

Uma empresa pode ter mais de uma certificação, bastando para isso que implemente outros sistemas de gestão, que pode ser ambiental (ISO 14.000), de saúde e segurança ocupacional (ISO 45.000) ou outras certificações mais alinhadas ao seu segmento de atuação.

A família de ISO 9000 é uma das mais conhecidas entre as certificações e apresenta as seguintes variações:

» **ISO 9001:** é muito disputada no mercado. Trata-se de uma norma extensa, com 20 quesitos de qualidade necessários para a implementação do SGQ, e que regulamenta processos internos.

» **ISO 9002 e ISO 9003:** foram canceladas no ano 2000 e passaram a integrar a ISO 9001.

» **ISO 9004:** foca no sucesso sustentável por meio da qualidade, não é certificadora.

Metodologias e ferramentas

Quando o objetivo é garantir qualidade aos clientes, evitar o risco da não conformidade no atendimento deve ser um princípio básico a ser adotado. Se a empresa implementar um SGQ e fizer o acompanhamento das metas e objetivos por meio de indicadores, poderá identificar continuamente as possibilidades de melhoria em seus processos. Vamos apresentar aqui duas metodologias bastante utilizadas, o Kaizen e o Lean Office. A aplicação dessas metodologias, juntamente com suas ferramentas específicas, pode proporcionar melhorias significativas na eficiência e qualidade dos processos organizacionais.

É importante ressaltar que o Kaizen e o Lean Office não são excludentes, podem se complementar. O Kaizen é uma filosofia de melhoria contínua que pode ser aplicada em qualquer área da organização, e o Lean Office é uma aplicação específica dos princípios Lean em processos administrativos, promovendo uma cultura de eliminação de desperdícios em tais processos.

★ **PARA SABER MAIS**

Você sabe qual é a diferença entre uma metodologia e uma ferramenta, no que se refere à gestão?

Metodologia é o método que adotamos para alcançar um objetivo. É uma forma estruturada, com princípios, regras, etapas sequenciais, práticas e diretrizes em uma abordagem sistêmica, ou seja, uma variedade de ações em busca de um único propósito. Ferramenta é um recurso específico para a execução de uma tarefa dentro de uma metodologia, cujo objetivo é facilitar uma atividade dentro de um processo.

Kaizen

É uma metodologia que surgiu no Japão, e significa "melhorar para melhor" ou "melhoria contínua". Tem como objetivo criar uma cultura voltada aos princípios do Kaizen, de forma que a melhoria contínua seja reconhecida como uma filosofia da organização. Segundo Imai (1990), para aplicação do Kaizen é recomendado seguir rigorosamente os dez princípios da metodologia, apresentados no quadro 5.3.

Quadro 5.3 – Princípios do Kaizen

Princípios do Kaizen	
1	Eliminação de desperdícios: identificação e eliminação de qualquer coisa que não agregue valor ao processo ou produto.
2	Melhorias graduais devem ser feitas de forma contínua.
3	Envolvimento de todos os colaboradores, que, independentemente do seu nível hierárquico, são incentivados a contribuir com ideias de melhoria.
4	Baixo custo: um aumento de produtividade pode ser obtido sem investimentos significativos.
5	Aplica-se em qualquer lugar, independentemente do porte ou cultura.
6	Gestão visual: uso de sinais visuais para transmitir informações de forma rápida, monitorar o progresso das atividades e dar transparência utilizando gráficos, quadros, diagramas ou fluxogramas.
7	Foco da atenção onde realmente se cria valor.
8	Orienta-se para os processos.
9	Prioridade nas pessoas: a colaboração e a comunicação aberta entre os membros da equipe são essenciais.
10	O lema essencial da aprendizagem organizacional é: aprender fazendo.

Fonte: adaptado de Imai (1990 apud *Alves* et al.*, 2024).*

Para aplicação da metodologia Kaizen é necessária a identificação de causas de desperdícios, propor alternativas de soluções e a realização de planos de ação para as devidas correções. Existem algumas ferramentas que atendem a essa demanda, são simples e fáceis de usar.

Ciclo PDCA

A principal ferramenta utilizada na metodologia Kaizen é o ciclo PDCA (Plan, Do, Check, Act), que vimos no capítulo 1 (se necessário, volte à figura 1.1 para retomar). O ciclo é composto das seguintes etapas:

» **Planejamento (PLAN):** a fase de planejamento é crucial para o sucesso do ciclo PDCA. Envolve a identificação de problemas, a análise das causas e a formulação de um plano de ação. O planejamento deve reconhecer e definir claramente o problema, tendo em vista que um problema pode ser uma oportunidade de melhoria. Entender a situação atual, por meio de levantamento de dados e informações importantes que levem à causa raiz do problema é o melhor caminho, além de propor soluções como objetivos a serem alcançados no ciclo.

Para estabelecer objetivos, sugerimos utilizar os critérios SMART, que vimos no capítulo 2 (relembre voltando à figura 2.4). E por fim, criar um plano detalhado que inclua as ações necessárias para atingir os objetivos, os responsáveis por cada ação e os prazos para a conclusão.

» Executar (DO): nessa fase do ciclo, o plano de ação é implementado. É recomendável a implantação em uma escala pequena ou em um ambiente controlado que possibilite testar a eficácia das soluções propostas. A execução passa por colocar o planejamento em prática seguindo as diretrizes estabelecidas. É importante coletar dados e informações durante a implementação para avaliar o progresso e identificar possíveis problemas ou ajustes necessários.
» Verificar (CHECK): após executar o planejamento é necessário avaliar os resultados obtidos para verificar se os objetivos foram atendidos e trouxeram as melhorias planejadas. A verificação passa por comparar o realizado com o planejado, sinalizar toda e qualquer inconsistência entre eles e verificar se as mudanças propostas no planejamento deram resultados, foram eficazes na resolução do problema e levaram a uma melhoria no processo.
» Agir (ACT): essa fase envolve a tomada de decisões sobre a implementação em larga escala, caso tenha-se optado por aplicar em ambiente controlado para testar a metodologia. O agir passa por padronizar as melhores práticas se os resultados forem favoráveis, para garantir sua aplicação contínua (aplicar as melhorias em toda a organização ou em todos os processos relevantes). É imprescindível ajustar e melhorar continuamente se os resultados forem negativos, pois é necessário identificar o que aconteceu, as causas dos

problemas, estabelecer novos objetivos e ajustar o plano de ação, ou seja, reiniciar o ciclo PDCA para buscar a melhoria contínua.

★ **PARA REFLETIR**

Você sabia que um dos grandes desafios do administrador é diferenciar um problema de um sintoma? Você já pensou sobre isso? Quando as vendas estão baixas, isso é um problema ou um sintoma? Pense nisso.

Brainstorming

O brainstorming é uma ferramenta utilizada para a geração de ideias, resolução de problemas e estímulo à criatividade. Seu objetivo é gerar um grande volume de novas ideias e incentivar o pensamento fora da caixa. Além disso, promove a colaboração ao facilitar a participação ativa de toda a equipe, tornando-se valiosa para qualquer organização ou equipe que busca inovação e soluções criativas para problemas complexos.

Para garantir sessões de brainstorming eficazes, é essencial adotar uma abordagem inclusiva e livre de críticas. Durante o processo, todas as ideias devem ser consideradas sem julgamentos, e mesmo as sugestões mais inusitadas, absurdas ou incomuns devem ser acolhidas. A qualidade das ideias não deve ser avaliada nesse estágio inicial: o foco deve ser na quantidade. Além disso, é importante incentivar os participantes a aprimorarem e construírem sobre as ideias apresentadas pelos colegas, promovendo um ambiente colaborativo e criativo.

★ **VOCÊ SABIA?**

Você sabia que algumas pessoas preferem o termo "toró de ideias" a brainstorming?

SCAMPER

É uma técnica de brainstorming que aborda um problema ou desafio incentivando a múltiplas perspectivas. SCAMPER é um acrônimo de Substituir, Combinar, Adaptar, Modificar, Propor para outro uso, Eliminar e Reorganizar.

Quadro 5.4 – Scamper

S	Substituir (substitute)	Trocar parte do produto, serviço ou processo por algo diferente. O que posso substituir (materiais, processos, pessoas) para melhorar os resultados?
C	Combinar (combine)	Unir dois ou mais elementos existentes para criar algo ou melhorar o existente. Como posso combinar e/ou integrar diferentes elementos para melhorar o processo?
A	Adaptar (adapt)	Adaptar o processo para um uso diferente ou para melhorar o desempenho. O que posso adaptar para tornar esse processo melhor?
M	Modificar (modify)	Alterar, aumentar ou diminuir algum aspecto do processo para melhorar sua performance. O que posso modificar ou aumentar para melhorar o desempenho?
P	Propor para Outro Uso (put to another use)	Utilizar o produto, serviço ou processo de uma maneira diferente do que foi originalmente planejado. Que outras utilidades esse processo pode ter?
E	Eliminar (eliminate)	Remover partes do produto, serviço ou processo que não agreguem valor ou que sejam desnecessárias. O que posso eliminar para simplificar ou reduzir custos?
R	Reorganizar (rearrange)	Reestruturar ou inverter a ordem dos componentes para criar algo. Como posso reorganizar, inverter, trocar a ordem das atividades neste processo, que proporcione melhorias?

5S

Segundo Ballestero-Alvarez (2019), a ferramenta 5S consiste em um modelo comportamental que tem por objetivo incentivar as pessoas à cultura de atuar de modo organizado e padronizado, a fim de eliminar desperdícios devido à desorganização e perda de foco. O termo 5S refere-se a cinco palavras japonesas que começam com a letra S: Seiri, Seiton, Seiso, Seiketsu e Shitsuke.

Quadro 5.5 – 5S

5S	Termos utilizados em português	Descrição
Seiri	Utilização/ organização	Separar e eliminar itens desnecessários do local de trabalho, reduzindo o desperdício e criando uma estação de trabalho mais organizada.
Seiton	Arrumação/ ordenação	Organizar os itens necessários à atividade de forma que facilite o acesso aos materiais e equipamentos utilizados.
Seiso	Limpeza	Manter o ambiente de trabalho limpo e arrumado. Limpar regularmente o local de trabalho cria um ambiente mais agradável e aumenta a vida útil de equipamentos.
Seiketsu	Padronização	Padronizar as melhores práticas de organização, arrumação e limpeza garante a eficácia dos 3S anteriores.
Shitsuke	Disciplina/ sustentação	Manter e revisar continuamente os padrões estabelecidos fomenta uma cultura de disciplina e melhoria contínua.

★ VOCÊ SABIA?

Você sabia que podemos aplicar os 5S em qualquer situação que esteja precisando de organização? Que tal identificar um lugar em sua casa que esteja precisando de uma ajeitadinha e aplicar essa ferramenta?

Cinco porquês: análise de causa raiz

É uma ferramenta bem simples e eficiente, que consiste em perguntar cinco vezes o porquê de um problema. Tem o objetivo de chegar ao problema de fato e evitar a perda de tempo em resolver apenas os sintomas. Um problema torna-se recorrente a partir do momento que sua causa raiz não foi identificada. Sakichi Toyoda utilizou a ferramenta pela primeira vez na década de 1930, e desde então ela tem sido utilizada por sua baixa complexidade. A ferramenta pode ser utilizada quando for identificada uma não conformidade, pois resultará em um problema. Dependendo do problema, pode-se utilizar menos ou mais porquês para se chegar à causa raiz. As etapas para a aplicação da ferramenta passam por reunir a equipe envolvida, questionar os porquês até chegar à raiz do problema e elaborar um plano de ação para solucioná-lo.

★ **PARA REFLETIR**

Você sabia que as crianças entre 3 e 4 anos estão na "fase dos porquês"? É nessa faixa etária que desenvolvemos a curiosidade sobre o mundo, e fazer perguntas é uma maneira de entender melhor os ambientes. Liberte sua criança interior e mergulhe nos porquês.

Diagrama de Ishikawa

Kaoru Ishikawa desenvolveu o diagrama de Ishikawa em 1960. Essa ferramenta, que tem como objetivo identificar, organizar e visualizar as raízes de um problema, é amplamente utilizada na aplicação de SGQ. O diagrama é também conhecido como espinha de peixe, pois tem esse formato: a "cabeça" representa o problema a ser resolvido, enquanto as "espinhas" principais representam as categorias das possíveis causas do problema. Além disso, é chamado de diagrama de causa e efeito, pois parte do princípio de que todo problema tem causas específicas que precisam ser testadas uma a uma até que se identifique a causa do problema que se pretende eliminar.

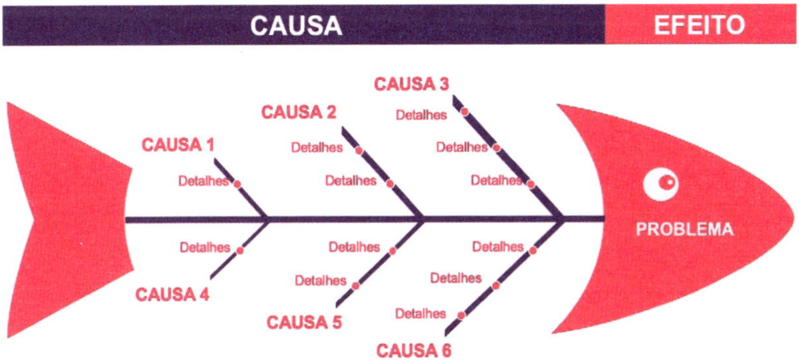

Figura 5.1 – Diagrama de Ishikawa

Segundo Werkema (1995), é necessário seguir algumas etapas para a aplicação do diagrama:

1. Identifique o problema a ser analisado e defina o objetivo.
2. Estude e compreenda o processo envolvido por meio de observação, documentação e troca de ideias com as pessoas envolvidas.
3. Discuta o problema em reuniões utilizando as técnicas do brainstorming.
4. Após coletar todas as informações, organize-as em causas principais, secundárias e terciárias, eliminando informações irrelevantes.
5. Construa o diagrama e valide-o com os envolvidos.
6. Destaque os aspectos mais importantes para alcançar o objetivo desejado.

5W1H ou 5W2H

São acrônimos para as palavras em inglês: what (o quê), why (por quê), where (onde), when (quando), who (quem), how (como) e how much (quanto). São ferramentas de gestão e planejamento que podem ser utilizadas especificamente na aplicação do Kaizen para análise e resolução de problemas. É muito útil também na definição de planos de ação, que devem ser estruturados a partir das respostas para as sete perguntas. Veja no quadro 5.6 as perguntas a serem feitas para análise e solução de um problema ou para utilizá-las para criar um plano de ação.

A escolha entre 5W2H e 5W1H dependerá exclusivamente da necessidade ou não da pergunta "how much?" no plano de ação ou na análise a ser realizada.

Quadro 5.6 – 5W2H

Perguntas	Direcionadas a um plano de ação	Direcionadas à análise de um problema
What? (o quê?)	Qual é a tarefa?	Qual é o problema?
Why? (por quê?)	Por que isso é necessário?	Por que o problema ocorre?
Where? (onde?)	Onde isso ocorrerá?	Onde identificou-se o problema?
When? (quando?)	Quando isso será feito?	Quando o problema aconteceu?
Who? (quem?)	Quem será responsável por isso?	Quem está envolvido no problema?
How? (como?)	Como isso será feito?	Como isso será feito?
How much? (quanto custa?)	Quanto custará?	Qual será o impacto financeiro?

Relatório A3

O relatório A3 é uma ferramenta para resolução de problemas que se originou no sistema Toyota de produção. Sua dimensão é a de uma folha de sulfite A3 (297 x 420 mm), o que justifica o seu nome. É uma forma visual e estruturada de documentar e comunicar as ações do trabalho em andamento, seja a busca pela solução e melhoria de um processo, a solução de um problema ou a realização de um projeto. O formato A3 estimula o poder de síntese, evitando relatórios prolixos, e o uso de gráficos e diagramas facilita a comunicação. Possibilita que toda a equipe se envolva na resolução do problema e/ou realização do trabalho, engajando todos de forma colaborativa. Além disso, desenvolve o pensamento estruturado para o andamento do trabalho de forma ordenada e lógica.

★ **IMPORTANTE**

Você pode estar sentindo angústia com tantas opções e se questionando se deve utilizar todas essas ferramentas. Acalme-se! Nosso objetivo aqui é apresentar a você as ferramentas mais utilizadas para que possa usufruir da mais apropriada quando precisar. Lembre-se: elas existem para facilitar o seu trabalho.

Lean Office

O termo "lean" surgiu em 1990 e inicialmente foi associado à manufatura – Lean Manufacturing –, uma manufatura enxuta, que foca na eliminação dos desperdícios nos processos produtivos. O pensamento enxuto trouxe uma nova forma de orientar uma organização e de agregar valor para o cliente. Desse novo paradigma surge o Lean Office, utilizando os mesmos conceitos, práticas e ferramentas da Lean Manufacturing e aplicando-os às atividades de apoio, dos escritórios da indústria e das empresas prestadoras de serviços em geral.

★ **PARA SABER MAIS**

Os princípios da metodologia Lean popularizaram-se e expandiram-se para várias áreas da gestão. Hoje, temos o Lean Enterprise (empresa lean), Lean IT (aplicado a processos de TI), Lean Healthcare (saúde lean), Lean Construction (construção lean), Lean Startup, Lean Supply Chain (cadeia de suprimentos lean), Lean Marketing, e outros.

Os processos realizados em um escritório são, em sua maioria, de informações e considerados serviços, logo, é importante atentar-se às características específicas de serviços, que acabam transformando o objetivo de gerar valor extremamente desafiador, pois podem comprometer a qualidade, dificultar a padronização e o julgamento do cliente. Segundo Lovelock e Wirtz (2006), as principais características dos serviços são:

» **Intangibilidade:** os serviços não podem ser tocados, são abstratos.

- » Inseparabilidade: sua produção e entrega ocorrem simultaneamente.
- » Variabilidade: os serviços variam de acordo com quem os presta, quando e onde são prestados.
- » Perecibilidade: os serviços não podem ser estocados ou armazenados.

Essas características enfatizam a necessidade de abordagens de gestão da qualidade distintas para serviços em comparação com bens físicos. Isso justifica a adaptação da filosofia Lean Manufacturing para os escritórios.

Os princípios que norteiam os trabalhos em busca contínua pela eliminação de desperdícios no Lean Office são:

- » Valor: é o resultado da equação B – C, onde B são os benefícios e C são os custos que o cliente percebe ao adquirir algo, seja serviço, bem ou ideia. Como princípio do Lean Office, a empresa direciona os esforços em identificar e agregar valor ao cliente com o mínimo de custos, melhorando seus processos, concentrando energias nas atividades que agregam valor e aumentam a satisfação do cliente, interno ou externo.
- » Fluxo de valor: refere-se ao conjunto de atividades desenvolvidas pela empresa para que o cliente receba aquilo de que necessita. O mapeamento do fluxo é uma técnica visual que apresenta todas as atividades envolvidas no processo. Permite uma compreensão total de como o valor flui através dos processos e onde ocorrem os desperdícios.
- » Fluxo contínuo: as informações devem seguir de forma fluida, de maneira contínua e eficiente em uma sequência de atividades integrando todos os departamentos da organização, sem interrupções, desvios ou atrasos de qualquer natureza.
- » Fluxo puxado: o processo de produção só se inicia com uma demanda específica. As tarefas são realizadas com base nas necessidades reais, com isso evita-se a superprodução e minimiza-se o excesso de trabalho em progresso e o estoque de documentação e informações.

» Perfeição: trabalhar pela busca contínua de melhorias. Um escritório enxuto analisa seus processos constantemente no esforço de encontrar oportunidade para melhorar suas atividades.

Implementar o Lean Office implica focar constantemente na eliminação de desperdícios de recursos e na redução de esperas e atrasos nos processos administrativos. Isso envolve utilizar apenas o necessário e eliminar atividades que não agregam valor. É importante adotar normas e procedimentos padronizados para garantir a consistência e facilitar o treinamento de colaboradores. Além disso, é recomendável trabalhar com a gestão visual e flexível, e permitir o monitoramento do progresso das atividades por meio de gráficos, quadros, diagramas e fluxogramas. Isso facilita a implementação de mudanças e agiliza a realocação de recursos quando necessário. Identificar a raiz dos problemas e resolvê-los na origem é essencial para evitar o desperdício de tempo corrigindo apenas os sintomas. Para a implantação ou implementação do Lean Office as organizações aplicam ferramentas específicas a cada princípio.

Figura 5.2 – Princípios do Lean Office

Comunicação ativa

A comunicação ativa promove uma troca contínua de informações entre a organização e seus clientes ao atender à necessidade de identificar os benefícios que eles percebem ao comprar um produto ou contratar um serviço, bem como os riscos que consideram determinantes. Essa compreensão permite que as organizações identifiquem o valor percebido nas transações relacionadas aos seus negócios. Para que a comunicação ativa seja eficaz, a organização, como um todo, deve exercitar a escuta ativa e empática: é necessário prestar atenção no que o cliente diz (comunicação verbal) e no que ele não diz (comunicação não verbal).

Comunicação verbal é a troca de informações e ideias por meio da linguagem falada ou escrita, por exemplo: conversas, telefonemas, discursos, reuniões, e-mails, cartas e mensagens instantâneas. Já a comunicação não verbal é o processo de transmitir emoções e significados sem usar palavras, por exemplo: comportamentos, gestos, expressões faciais, posturas corporais e outros sinais visuais e auditivos.

Disponibilizar um canal de comunicação direto com o cliente colabora para a comunicação ativa. Esse canal pode ser utilizado para solicitar opiniões, pedir feedbacks, envolver os clientes em discussões sobre tendências, melhoria nos processos, resolver dúvidas. Aproximar a organização do cliente permite identificar o valor percebido e fortalecer o relacionamento.

★ IMPORTANTE

Lembramos que a comunicação ativa é indicada não apenas na abordagem Lean, sendo uma habilidade que favorecerá inclusive em ambientes pessoais, pois fortalece as relações ao promover a compreensão mútua.

Ciclo PDCA, relatório A3, diagrama de Ishikawa e 5S

Falamos detalhadamente sobre a aplicação do PDCA, do relatório A3, do diagrama de Ishikawa e dos 5S como ferramentas do Kaizen. A diferença na utilização dessas ferramentas em processos administrativos envolve características que incluem atividades relacionadas à gestão e operação interna de uma organização. São processos que têm por objetivo desenvolver as funções administrativas de planejamento, organização, direção e controle.

★ SUGESTÃO

Não vamos repetir tudo, então sugerimos que você releia sobre essas ferramentas na aplicação do Kaizen e reflita como as aplicaria no Lean.

Mapeamento do fluxo de valor (MFV)

O Mapeamento do fluxo de valor (MFV) no contexto do Lean Office tem por objetivo tornar os processos administrativos mais enxutos e possibilitar que sejam identificadas necessidades de melhorias, eliminados os desperdícios e aumentada a produtividade. É uma ferramenta que permite visualizar o fluxo graficamente. Os recursos que não agregam valor são considerados desperdícios, portanto todo desembolso que eleva o custo de um processo e absorve recursos para a sua execução deve ser imediatamente eliminado.

O primeiro passo para desenvolver o MFV é desenhar um mapa detalhado de todas as atividades que envolvem um processo e sinalizar as atividades que agregam valor. Para isso, reflita sobre as seguintes perguntas norteadoras:

» O resultado da atividade é algo pelo que o cliente está disposto a pagar?
» O resultado é algo que satisfaz uma necessidade específica do cliente?
» A atividade transforma o processo de alguma maneira visível ou mais tangível ao cliente?
» A atividade exige retrabalho ou correções para ser desenvolvida?

Na sequência, para obter uma compreensão detalhada, avalie o processo no estado atual em sua íntegra. O objetivo dessa etapa é identificar as atividades que não agregam valor, os desperdícios e os gargalos. Sugerimos as seguintes perguntas norteadoras para essa fase:

- » Qual é o fluxo das informações?
- » As informações seguem em um fluxo contínuo, com o mínimo de interrupções?
- » Qual é o tempo para o desenvolvimento do processo, do início ao fim?
- » Existe tempo de espera das informações do final de uma atividade até o início da seguinte (gargalo)?
- » Quais são os documentos (físicos ou digitais) movimentados durante o processo?
- » Quem são os responsáveis pelas atividades que compõem o processo?
- » Quais atividades não contribuem para a entrega de valor?

Após compreender os detalhes do processo podemos partir para sugestões de melhorias ao criar um fluxo de valor mais eficiente e idealizar o processo no estado futuro. Com base nas análises do estado atual é possível definir metas claras para redução de desperdícios e eliminação de gargalos. Um bom planejamento é o melhor caminho para iniciar esse trabalho. Estabeleça os objetivos de melhoria que pretende implementar no estado futuro, por exemplo: redução do tempo de produção e entrega, simplificação do fluxo de processo ou introdução de novas tecnologias. Trace um plano de ação para a realização das mudanças necessárias e incorpore os indicadores para acompanhar se as metas e os objetivos estão sendo realizados.

★ SUGESTÃO

Ao desenvolver uma atividade dentro de um processo, conheça esse processo desde a origem até a conclusão. Isso o ajudará a entender como a empresa opera em toda sua complexidade.

Diagrama de espaguete

É uma ferramenta visual simples que pode ser utilizada para criar fluxos contínuos. Com sua aplicação podemos ver a movimentação de documentos ou informações dentro de um processo administrativo. É possível aplicá-lo ao estado atual (para identificar desperdícios) e ao estado futuro, bem como propor melhorias ao fluxo. É importante registrar todas as movimentações do objeto a ser analisado, seja um documento ou uma informação. Após os registros, é necessário analisar as linhas que representam essas movimentações. Os lugares pelos quais o objeto passa muitas vezes ficarão sinalizados com um emaranhado de linhas, que podem indicar desperdício de tempo e/ou gargalos. É preciso analisar também as rotas longas, repetidas ou cruzadas, pois podem ser desnecessárias, encurtadas ou simplificadas.

★ IMPORTANTE

Essa ferramenta pode ser aplicada em uma variedade de situações, como no deslocamento de materiais entre estações de trabalho, para identificar movimentos excessivos, ou em supermercados, para analisar como os clientes se movem pelo layout para otimizar a disposição das mercadorias.

Poka Yoke

É uma ferramenta utilizada para que os processos funcionem como uma engrenagem eficiente, de forma coordenada e sem falhas. O ideal é que os processos sejam pensados para serem à prova de erros. O Poka Yoke deve ser implementado em pontos do processo em que exista qualquer possibilidade de erro e, para isso, é necessário identificar esses pontos e implementar dispositivos que contribuam para a segurança do trabalho. Validações de dados (quando se exige validação em duas etapas), automação de processos (de forma a evitar erros humanos) e sistemas de alerta (como as mensagens indicando que uma senha é fraca) são exemplos de Poka Yoke.

Kanban

É uma ferramenta que possibilita visualizar o gerenciamento das atividades que devem ser desenvolvidas dentro de um processo. O Kanban foi idealizado para ser utilizado na manufatura, e sua aplicabilidade em processos administrativos é bastante simples. Consiste em dividir um quadro em três colunas e distribuir as atividades de acordo com os seguintes status:

» To do: atividades que devem ser realizadas.
» Doing: atividades que estão em progresso.
» Done: atividades que já foram realizadas.

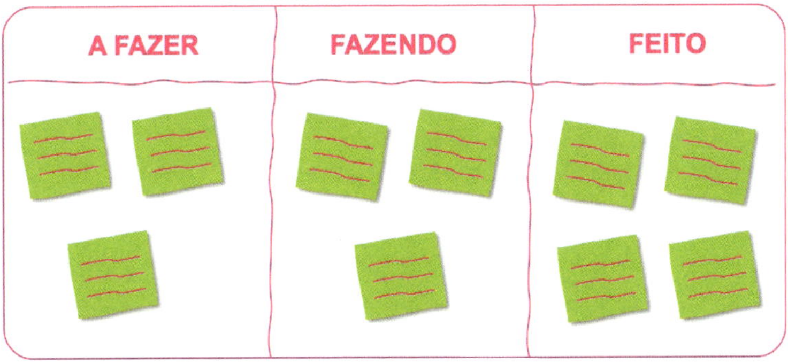

Figura 5.3 – Quadro Kanban

A ferramenta é altamente flexível e, a depender das necessidades de acompanhamento das atividades, outras colunas podem ser acrescentadas ao quadro. Permite que o monitoramento de documentos seja feito em tempo real, assim como as correções dos processos.

Kaizen

No capítulo 5 desta obra, o Kaizen foi apresentado como uma metodologia para proporcionar melhorias significativas na eficiência e qualidade dos processos organizacionais. Agora, o trazemos como uma ferramenta da metodologia do Lean Office, portanto, com seus princípios aplicados aos processos administrativos. Enfatizamos que o Kaizen e o Lean Office não são excludentes, podendo ser aplicados de forma complementar, com o Kaizen nos processos organizacionais em geral e o Lean Office em processos administrativos.

A filosofia Kaizen, que propõe a melhoria contínua a partir de pequenas mudanças incrementais, deve ser parte integrante da cultura organizacional e envolver todos os colaboradores. O Lean Office estabelece processos enxutos, livres de desperdícios, e o Kaizen garante que esses processos sejam revisados e melhorados constantemente pela busca da perfeição.

★ IMPORTANTE

A inteligência artificial (IA) traz grandes avanços em questões relacionadas à qualidade de produtos e serviços, que resultam em maior excelência nos resultados. No entanto, não podemos ignorar que também cria grandes desafios para o administrador dessa área, e acompanhar esse movimento pode garantir o sucesso da organização. A IA está presente na automatização de processos repetitivos, no monitoramento contínuo, na prevenção de falhas e na análise de grandes volumes de dados. Para aproveitar ao máximo essa tecnologia, sua implantação exige planejamento detalhado e entendimento estratégico do negócio.

Arrematando as ideias

Neste capítulo, vimos que a gestão da qualidade tem o objetivo de conscientizar todos os colaboradores sobre a importância de entregar o melhor resultado para os clientes. Entretanto, por ser um conceito bastante abstrato, é necessária uma abordagem sistemática, com definição precisa das políticas de qualidade e um contínuo planejamento, ou seja, é necessário um SGQ. Para planejar adequadamente a qualidade deve-se conhecer os processos e mapeá-los, iniciando por aqueles que sabidamente apresentam problemas, bem como ter objetivos claros. Depois, é possível analisá-los e sugerir melhorias. Para garantir resultados de qualidade, é importante implantar um sistema de SGQ, e a NBR ISO 9001 fornece toda a estrutura para isso. Os indicadores de desempenho são importantes para realizar o monitoramento dos processos. São muitos, e devemos adotar aqueles que atendem às necessidades de qualidade. Além de todo esse cuidado com a qualidade, as empresas precisam também de certificações que validem a eficácia de sua gestão, visto que podem oferecer vantagem competitiva e abrir as portas do mercado internacional, além de atender às exigências fiscais. A busca pela melhoria contínua é um grande desafio para as organizações. Neste capítulo, estudamos duas metodologias: o Kaizen e o Lean Office, além das ferramentas mais aplicadas, que, vale lembrar, devem ser utilizadas em conformidade com as necessidades da organização.

6 Empreendedorismo

Vamos pensar sobre os conceitos de empreendedor e empresário?

Será que os significados desses termos têm diferenças entre si?

Pessoas empreendedoras já nascem assim?

Você conhece ou se lembra de algum empreendedor ou empresário? Se sua resposta for sim, qual é a característica que mais se destaca nessa pessoa?

Os termos empreendedor e empresário podem até remeter a ideias semelhantes, mas são conceitos diferentes, com aplicabilidades e práticas distintas. A pessoa empreendedora tem atitude empreendedora, é realizadora de sonhos, faz acontecer, inova e impulsiona outras pessoas, ideias e projetos. Essa pessoa não nasce empreendedora, mas se torna a partir de suas escolhas, comportamentos, características, conhecimentos e habilidades, pois já é provado que o empreendedorismo pode ser ensinado.

Já a pessoa empresária é proprietária de um negócio, mas não necessariamente é empreendedora. Ela pode ter herdado a empresa ou ter comprado uma empresa já estabelecida; ou, ainda, ter um pequeno negócio para atender às suas necessidades de subsistência, o que não garante que seja empreendedora (Hashimoto, 2009). Ter um negócio não significa ser empreendedor. Para Sampaio (2014), empreendedores são pessoas com propensão e habilidade para criar, renovar, modificar e conduzir projetos inovadores. Dessa forma, qualquer pessoa pode empreender, basta ter atitudes empreendedoras! Mas, o que é ter uma atitude empreendedora?

Atitude empreendedora

Quantas vezes você já passou por um lugar e pensou que algo ali poderia ser diferente? Por exemplo, talvez tenha percebido que aquele bairro precisava de um novo comércio. Depois de um tempo, viu que alguém teve a mesma ideia e abriu a loja que você tinha imaginado. É a ação dessa pessoa que chamamos de atitude empreendedora!

A todo momento, no dia a dia, interagimos, agimos e reagimos com o mundo: família, amigos, colegas de trabalho e estudos, pessoas diversas em vários tipos de ambiente. Quando juntamos a essa atitude o empreendedorismo, temos uma dupla perfeita em termos de iniciativa, criatividade, energia, compromisso e persistência, o que resulta em uma atitude empreendedora.

> Quando as pessoas compartilham experiências, elas compartilham atitudes empreendedoras. Atitude é exatamente isto: a intenção que existe por trás do gesto; a predisposição para agir. Ou, ainda, uma ação motivada por um propósito específico. É o querer fazer (Sampaio, 2017).

O primeiro registro do termo empreendedorismo é atribuído ao economista Richard Cantillon, que, em 1755, definiu o empreendedor como a pessoa que assume riscos com o objetivo de lucratividade. Mais tarde, em 1803, o também economista Jean-Baptiste Say apresentou pesquisas e estudos sobre empreendedorismo, sendo considerado por alguns o pai do empreendedorismo. Ele considerava que o empreendedor impulsiona o desenvolvimento econômico ao inovar, criar, liderar, coordenar recursos e ao promover a geração de riquezas (Hashimoto, 2013).

Para Schumpeter (1942), o empreendedorismo envolve qualquer forma de inovação que tenha uma relação com a prosperidade da empresa, novos meios de produção e de organização. A ousadia, as habilidades e o processo de invenção promovido pelo empreendedor impulsionam a inovação e a destruição criativa – termo desenvolvido por Schumpeter para descrever o processo de inovação e transformação do capitalismo, essencial para o avanço e a renovação da economia.

★ IMPORTANTE

A destruição criativa ocorre continuamente à medida que novas inovações surgem para substituir algo que está se tornando obsoleto. Exemplos: carruagens por automóveis; locadoras físicas de vídeo por plataformas de streaming; telefones fixos por telefones móveis; disquete por pen drive; dinheiro por pix; entre outros. Essas transformações são constantes e ocorrem hoje em proporções e em velocidade sem precedentes. Ao longo da história, muitas foram as destruições criativas. Você lembra de alguma que marcou uma época da sua vida?

No Brasil, o termo empreendedorismo é relativamente recente. Os primeiros trabalhos acadêmicos sobre o tema surgiram na década de 1980, mas seu estudo tem se intensificado a cada ano, fato observável pelo número de livros, artigos e estudos publicados e pelo crescente interesse por essa temática, inclusive por parte de grandes instituições de ensino. Devido a esse aumento de interesse, muitos são os entendimentos, caminhos e conceitos utilizados para definir o que é empreendedorismo. Nesta obra, trataremos empreendedorismo como "um modo de pensar e agir sobre oportunidades com criatividade e inovação para a geração de valor individual e coletivo". Esse conceito é utilizado pelo Grupo de Empreendedorismo, Sustentabilidade e Inovação do Senac São Paulo e reflete a evolução do que hoje entendemos ser empreendedorismo.

★ **PARA REFLETIR**

Para você, o que é empreendedorismo? O empreendedorismo pode ou não ser ensinado?

Um dos grandes debates dessa área é se o empreendedorismo pode ou não ser ensinado. A resposta é sim, ele pode ser ensinado. Essa abordagem compreende que nem todos os indivíduos são empreendedores, mas que todos podem aprender a empreender. As instituições de ensino e escolas têm fundamental importância na formação empreendedora de seus estudantes, e devem adotar conteúdos específicos, métodos, técnicas e as práticas didático-pedagógicas mais eficazes para esse aprendizado. Silveira e Sanches (2017) salientam a importância do professor: "a mola propulsora de todo esse processo é o professor [...]. Sendo assim, o professor se tornará um mediador na construção dos saberes dos alunos, e não mais um tomador do conhecimento".

Instituições engajadas e professores com formação empreendedora impactam os estudantes, que desenvolvem atitudes mais empreendedoras. Muitas empresas de sucesso que têm uma cultura de inovação e adotam a atitude empreendedora como um dos seus pilares buscam por profissionais que, diante de uma oportunidade, pensem e ajam de forma criativa e inovadora para gerar valor individual e coletivo, ou seja, que tenham uma atitude empreendedora.

★ **PARA REFLETIR**

Com base em tudo que vimos até o momento, reflita: você é um empreendedor? Qual aspecto da atitude empreendedora você acha que tem mais impacto na sua vida?

O ser empreendedor é dotado de atitudes e características empreendedoras. Muitas pessoas, apesar de não terem uma formação empreendedora, são assim por terem desenvolvido essas habilidades e valores. Vamos compreender um pouco mais sobre as características comportamentais do empreendedor (CCE).

Características empreendedoras

Os primeiros estudos sobre os traços de personalidade dos empreendedores foram realizados entre os anos de 1960 e 1980 por comportamentalistas que definiram um conjunto de características atribuídas aos empreendedores. Silveira e Sanches (2017) reuniram, dos estudos de Filion (1999), Souza (2005) e Schmidt & Bohnenberger (2009), 32 características que distinguem os empreendedores, que são: agressividade, ver o dinheiro como medida de desempenho, orientação para resultados, assumir riscos calculados, energia, originalidade, autoconfiança, envolvimento a longo prazo, otimismo, autoconsciência, flexibilidade, persistência, autoeficácia, habilidade na utilização de recursos, planejamento, capacidade de aprendizagem, habilidade para conduzir situações, sensibilidade em relação ao outro, conhecimento do mercado, independência, sociabilidade, conhecimento do produto, iniciativa, tenacidade, correr riscos, ser inovador, ter tendência a confiar nas pessoas, criatividade, liderança, tolerância à ambiguidade e à incerteza, ser capaz de detectar oportunidades e ter necessidade de realização. Você identifica algumas dessas características em você?

Alguns dos estudos mais notórios utilizados e referenciados no Brasil e no mundo até hoje é o do psicólogo David McClelland, que iniciou seus estudos sobre a motivação humana na década de 1960 e pesquisou empreendedores de sucesso de vários países e de diferentes culturas ao registrar comportamentos, motivações e traços que tinham em comum entre si, a fim de entender o que os diferenciava de outras pessoas. McClelland (1961) identificou que independentemente de gênero, idade ou local em que o empreendedor está no mundo, ele tem algumas características denominadas características comportamentais do empreendedor (CCE), que apresentamos a seguir:

1. Busca de oportunidade e iniciativa: é a capacidade que o empreendedor demonstra de antecipar situações, criar oportunidades e propor soluções inovadoras.
2. Persistência: obstáculos e desafios são comuns, não desistir e enfrentá-los com insistência para superá-los é uma característica presente nos empreendedores.

3. Correr riscos calculados: avaliar alternativas, assumir desafios e correr riscos de forma moderada e calculada.
4. Exigência de qualidade e eficiência: decisão de melhoria contínua, buscando sempre satisfazer ou superar as expectativas de prazos e padrões de qualidade e excelência.
5. Comprometimento: se esforça com muita dedicação e colabora com a equipe para completar uma tarefa.
6. Busca de informações: busca informações sempre atualizadas, consulta especialistas, investiga como produzir ou inovar.
7. Estabelecimento de metas: assume objetivos e define metas de longo prazo que representam desafios e são importantes para si.
8. Planejamento e monitoramento sistemáticos: realiza o planejamento e o monitoramento das tarefas, garantindo que os desafios sejam enfrentados e as decisões tomadas.
9. Persuasão e rede de contatos: desenvolve redes de contato e estratégias para manter, influenciar e obter apoio de pessoas-chave para atingir seus objetivos.
10. Independência e autoconfiança: confia na sua própria capacidade, é determinado e otimista ao enfrentar desafios.

Essas dez CCE estão distribuídas em três necessidades motivadoras essenciais – realização, planejamento e poder – que têm impacto significativo na forma como os empreendedores se comportam. Essas características também estão presentes na tabela a seguir, mas escolhemos utilizar as CCE selecionadas nas pesquisas de McClelland, pois elas impactaram de forma significativa a prática empreendedora e a visão sobre o ser empreendedor em todo o mundo.

★ NA PRÁTICA

Agora que você conhece as CCE, que tal fazer uma autoavaliação? Leia novamente as dez CCE de McClelland e atribua na tabela a seguir uma nota de 0 (zero) a 5 (cinco) sobre o grau de dominância de cada uma das características em sua vida. Na sequência, reflita sobre quais características estão mais presentes no seu comportamento e quais você precisa aprimorar. Estamos em constante desenvolvimento, lembre-se de que não existe certo e errado!

Características comportamentais do empreendedor	Notas					
	0	1	2	3	4	5
1. Busca de oportunidade e iniciativa						
2. Persistência						
3. Correr riscos						
4. Exigência de qualidade e eficiência						
5. Comprometimento						
6. Busca de informações						
7. Estabelecimento de metas						
8. Planejamento e monitoramento sistemáticos						
9. Persuasão e rede de contatos						
10. Independência e autoconfiança						

Classificação dos empreendedores

Podemos classificar os empreendedores de várias formas: por tipos, setor de atuação, objetivos, motivação, etc. O Global Entrepreneurship Monitor (GEM), que é a principal pesquisa sobre empreendedorismo do mundo, chegou à conclusão de que considerar apenas duas motivações para empreender – necessidade e oportunidade – já não estava refletindo a realidade, e após longo debate, em 2019 novas motivações foram incorporadas às pesquisas em âmbito mundial. O Brasil, no entanto, seguiu a série histórica com a dicotomia empreender por necessidade ou por oportunidade. Em seu último relatório, apresentou os resultados das múltiplas motivações, considerando que as opções não são excludentes, ou seja, o empreendedor pode escolher mais de uma motivação. Podemos ver o resultado na tabela 6.1.

Empreendedor por necessidade ou oportunidade

A falta de alternativas de renda desenvolve o empreendedor por necessidade. Isso pode acontecer em meio a uma crise econômica ou sanitária. O desafio é muito maior, porque esses empreendedores, na maioria das vezes, não desenvolvem um plano de negócios, não têm conhecimento sobre gestão e não conseguem prever os riscos, além de ter pouco acesso a recursos financeiros e tecnológicos. Seu propósito é a sobrevivência e a geração de renda imediata. Entretanto, apesar das dificuldades, alguns conseguem transformar seus negócios em empreendimentos lucrativos e de sucesso. Em contrapartida a essa orientação, existem os empreendedores por oportunidade, que são aqueles que empreendem porque identificaram uma oportunidade de negócios a ser aproveitada.

Tabela 6.1 – Múltiplas motivações

Motivação	Necessidade	Oportunidade
Fazer a diferença no mundo	75,7%	77,1%
Ganhar a vida, porque os empregos são escassos	87,5%	66,1%
Construir uma grande riqueza ou renda muito alta	54,8%	74,1%
Continuar uma tradição familiar	41,3%	33,1%

Fonte: adaptado de GEM (2024).

A tabela 6.1 apresenta os números em relação aos empreendedores que iniciaram suas atividades em 2023 e indica que estão propensos a empreender por questões de propósito, mesmo quando empreendem por necessidade, visto que a diferença apresentada é bem pequena (2,6%). Os empreendedores por necessidade estão mais focados em ganhar a vida que os empreendedores por oportunidade, mas não necessariamente para construir riqueza, confirmando o objetivo da sobrevivência. Já o menor percentual de iniciantes considerou dar continuidade ao empreendedorismo da família. A maioria (87,5%) iniciou a atividade para ganhar a vida porque os empregos estão escassos.

Ao analisar os resultados do GEM no que diz respeito ao empreendedorismo por necessidade, observamos que as mulheres empreendem por necessidade em maior proporção (45%) do que os homens (33,7%). Além disso, por faixa etária, observa-se que o empreendedorismo por necessidade é mais prevalente entre os idosos, com 54,2% das pessoas entre 55 e 64 anos representando essa categoria. Esses números estão alinhados à realidade brasileira.

Tipos de empreendedor

Os empreendedores podem estar em qualquer lugar, pois para ser empreendedor o fundamental é ter atitude empreendedora, o que pode ser percebido nos clássicos "empreendedores de negócios", criadores e proprietários de um negócio. É também visível no colaborador de uma empresa que se comporta como empreendedor em benefício próprio e da empresa. Muito mais importante do que o lugar em que se atua é a decisão e a atitude de empreender (Sampaio, 2017). Os empreendedores de negócios são amplamente conhecidos. No entanto, nesta obra, destacaremos outros tipos de empreendedor que consideramos também importantes, com características empreendedoras específicas que merecem atenção.

Empreendedor social

Empreendedores sociais são aqueles que, ao empreender, têm o objetivo de provocar impacto e transformação social, visando não o benefício individual, mas coletivo. Optam pelo desenvolvimento de produtos e serviços que atendam às necessidades que, muitas vezes, o poder público não atende. Têm como maior valor ajudar as pessoas, contribuindo para o desenvolvimento da coletividade (Fontana; Thimóteo, 2020). Um país cujas diferenças sociais são evidentes e que enfrenta uma série de problemas urgentes apresenta uma grande oportunidade para o empreendedor social atuar propondo soluções inovadoras e sustentáveis.

Um estudo bibliométrico sobre os temas empreendedorismo social e empreendedorismo privado, realizado por Albuquerque *et al.* (2021), compara as características desses dois tipos de empreendedor. O levantamento contempla os estudos de 25 autores de cada orientação e concluiu que a característica que mais os diferencia é o poder de persuasão e a rede de contatos. Isso faz muito sentido quando analisamos que, sem a competência para influenciar e mobilizar pessoas em torno de uma causa social e uma rede de contatos diversificada e efetiva, o empreendedor não consegue mobilizar os recursos, as parcerias fundamentais para a realização de projetos sustentáveis e de impacto coletivo. Sampaio (2017) apresenta algumas especificidades do empreendedor social, que estão listadas no quadro 6.1.

Quadro 6.1 – Especificidades do empreendedor social

Sonho	Compartilha do sonho de um grupo social e segue uma visão coletiva.
Contexto	Não depende de uma estrutura organizacional.
Motivação	Sua motivação é externa, vem da ideia de superar um problema social, desafio e criatividade.
Resultados	Atender ao usuário.
Foco	Altruísta e coletivo.
Relações	Com as pessoas da comunidade.

Fonte: adaptado de Sampaio (2017).

Empreendedor artesão

> É aquele que transforma alguma habilidade ou aptidão especial em um negócio. Depois de percorrer todo o caminho do autoconhecimento, a pessoa descobre que seu prazer em fazer bolos, costurar, trabalhar com madeira, fazer joias, degustar vinhos ou qualquer outra atividade que considerava um hobby pode se transformar em uma fonte de renda (Sampaio, 2020, p. 80).

Segundo Kieling, Dravet e Marques (2023 *apud* Silva *et al.*, 2024), a economia criativa consiste nas atividades que desenvolvem os bens culturais, artísticos e inovadores, sejam eles tecnológicos e/ou culturais. São atividades que utilizam a criatividade, o capital intelectual e a inovação como matéria-prima para a produção de renda e empregos. Assim, o artesanato é uma atividade econômica e tem grande relevância também na preservação cultural.

Os empreendedores artesãos criam seus próprios produtos, que, na maioria das vezes, são exclusivos e singulares, têm processos produtivos mais demorados, focados nos detalhes, na personalização de cada peça produzida. Os artesãos adaptam seu processo às necessidades de cada cliente, pois mantêm com eles uma relação próxima e individual. Segundo Sampaio (2017), a motivação está em buscar a perfeição na elaboração do produto. Seus resultados são pautados pela autenticidade. O fato de que a maioria dos empreendedores artesãos tem controle de todo o processo, desde a compra do insumo, produção, comercialização e entrega, favorece a experiência de compra do cliente.

Empreendedor cultural

> É aquele que atua na indústria cultural e na economia criativa com empreendimentos em diversas áreas, como a música, a arte, a escrita, a moda, o design, ou ainda nas indústrias de mídia, como rádio, publicações, produção cinematográfica e televisiva, e com brinquedos e jogos virtuais. São empreendedores que atuam com atividades de criação e produção relacionadas à arte e às atividades de suporte de informática do setor cultural (Sampaio, 2020, p. 80).

As atividades do empreendedor cultural consistem em iniciativas no setor artístico e de entretenimento, e assim como as atividades dos empreendedores artesãos, são consideradas propulsoras da economia criativa. O amor pela arte e pela cultura é o que, na maioria das vezes, motiva esse tipo de empreendedor. Além do sucesso econômico, visam a transformação social e a disseminação da arte como expressão cultural.

O empreendedor cultural tem papel preponderante como agente de transformação social, pois a cultura ajuda a formar a identidade das pessoas e de uma sociedade ao proporcionar senso de pertencimento e conexão. Possibilita a expansão de horizontes por meio da literatura, música e outros tipos de arte. Favorece a diversidade, além de ser fonte de inspiração para novas ideias.

Empreendedor corporativo

O empreendedor corporativo, ou intraempreendedor, "é aquele que prefere continuar trabalhando para alguma empresa promovendo inovação e crescimento ao negócio" (Sampaio, 2020, p. 80). Os intraempreendedores são considerados agentes de mudanças, destacando-se por suas competências diferenciadas, que os levam a ter sucesso na persuasão de pessoas que poderão colaborar na realização de suas ideias.

Quadro 6.2 – Os 10 mandamentos dos intraempreendedores

1	Vá para o trabalho a cada dia disposto a ser demitido.
2	Evite quaisquer ordens que visem interromper seus sonhos.
3	Execute qualquer tarefa necessária para fazer seu projeto funcionar, a despeito de sua descrição de cargo.
4	Encontre pessoas que poderão ajudar você.
5	Siga a sua intuição a respeito das pessoas que escolher e trabalhe apenas com as melhores.
6	Trabalhe de forma clandestina o máximo que puder. Publicidade aciona o mecanismo de imunidade da corporação.
7	Nunca aposte em uma corrida, a menos que esteja correndo nela.
8	Lembre-se de que é mais fácil pedir perdão do que pedir permissão.
9	Seja leal às suas metas, mas realista quanto às formas de atingi-las.
10	Honre seus patrocinadores.

Fonte: adaptado de Pinchot III (1989 apud *Sampaio, 2017).*

As organizações modernas e inovadoras incentivam o intraempreendedorismo, pois sabem que intraempreendedores são frequentemente responsáveis por ideias que podem resultar em uma entrega mais efetiva ao cliente, o que garante a sua competitividade. Para que surjam intraempreendedores é necessário um ambiente favorável à inovação. Essas pessoas tendem a ser consideradas inadequadas, caso não exista ambiente acolhedor. Talentos que conseguem realizar suas ideias são mais motivados e engajados. Promover o intraempreendedorismo atrai mais talentos criativos e ambiciosos e fomenta a cultura de inovação.

Empreendedor digital

Segundo o Ministério do Desenvolvimento, Indústria, Comércio e Serviços, a pandemia de covid-19 impulsionou as vendas realizadas pela internet, movimentando cerca de 450 bilhões entre 2019 e 2022 (Brasil, 2023). Muitas pessoas que não compravam on-line passaram a comprar em função da necessidade de isolamento social, o que mudou permanentemente o seu comportamento de compra. As empresas que não atendiam pela internet precisaram de forma muito rápida adaptar seus processos para atender a essa demanda, o que acelerou a transformação digital em diversos setores, que investiram em novas tecnologias e capacitação.

Por volta dos anos 1990, Amazon e Ebay iniciaram suas operações on-line, mas no Brasil, podemos dizer que a pandemia de covid-19 foi um marco significativo no crescimento dessa área de atuação. A crise econômica associada à pandemia impulsionou muitas pessoas, que buscaram no empreendedorismo digital novas formas de renda. O avanço tecnológico proporcionou maior acesso às ferramentas de marketing digital. Além desses fatores, podemos considerar que atuar na internet é uma oportunidade de empreender com baixos investimentos.

O empreendedor digital se distingue do empreendedor tradicional por atuar na internet, e para garantir o sucesso de seus negócios é necessário que algumas competências sejam desenvolvidas. Como eles dependem de plataformas on-line, é preciso identificar, conhecer e utilizar as tecnologias mais adequadas, além de dominar ferramentas de marketing digital.

Ecossistema empreendedor

O conceito de ecossistema, segundo a biologia, considera um conjunto de seres que convivem na mesma área, as relações entre eles e com o ambiente. São sistemas naturais, complexos e que se interconectam para garantir a sobrevivência. Trazendo esse conceito para os negócios, Isenberg (2010) diz que um ecossistema empreendedor consiste na interação de diversos componentes institucionais e individuais, de forma que o espírito empresarial, a inovação e o crescimento das empresas sejam fomentados. São sistemas complexos, artificiais, demarcados geograficamente e que sobrevivem por meio de suas interconexões.

O desenvolvimento de um ecossistema empreendedor pode ocorrer de várias maneiras, a depender do tipo de negócio e da tecnologia. Pode começar com um indivíduo ou uma empresa que busca recursos necessários para um empreendimento ou um novo negócio. À medida que esses atores empreendem, seus caminhos se cruzam. Essas interações podem ser intencionais, mas podem também ocorrer sem propósito, sem coordenação e sem regras. Conforme a quantidade de empresas e atores desse ecossistema interagem, cria-se uma rede complexa de relacionamentos cooperativos e competitivos (Stam; Van De Ven, 2021).

Um ecossistema empreendedor é formado por arranjos institucionais, componentes de dotação de recursos e empresas empreendedoras. Os arranjos institucionais são formados por instituições formais, cultura e elementos de rede; e os componentes de recursos, por infraestrutura física, finanças, liderança, talento, conhecimento, serviços intermediários e elementos de demanda. A existência desses grupos e sua interdependência é o que garante sucesso ao ecossistema.

A figura 6.1 demonstra a interação dos atores ao criar uma complexa rede de relacionamentos e se transformar em um ecossistema empreendedor.

Figura 6.1 – Ecossistema empreendedor

Quadro 6.3 – Elementos indispensáveis a um ecossistema empreendedor

Instituições formais	Por meio delas acontece a ação econômica.
Cultura	A cultura empreendedora é uma instituição informal e reflete o grau em que o empreendedorismo é valorizado na sociedade.
Redes de empreendedores	Fornecem fluxo de informações e permitem a distribuição eficaz de conhecimento, trabalho e capital.
Infraestrutura física	Considera a acessibilidade, a quantidade de rodovias e ferrovias e o número de voos da região.
Demanda	Demanda potencial de mercado; considera renda per capita e tamanho da população.
Liderança	Consiste na presença de líderes visíveis e a prevalência de grupos de interesse organizados privadamente e parcerias público-privadas para o desenvolvimento econômico.
Talento	Capital humano, talento para o empreendedorismo.
Finanças	A oferta e acessibilidade de financiamento para empresas novas e pequenas são uma condição importante para seu crescimento e sobrevivência.
Conhecimento	É uma importante fonte de oportunidades empreendedoras.
Serviços intermediários	O fornecimento e a acessibilidade de serviços empresariais intermediários podem reduzir bastante as barreiras e aumentar a velocidade da criação de novo valor.

Fonte: adaptado de Stam e Van De Ven (2021).

Inovação e criatividade

A inovação é um processo complexo de melhorar uma ideia, que pode ser relacionada a um produto, processo, sistema ou negócio e transformá-la em algo que seja aplicável e agregue valor ao mercado, cliente ou usuário. A inovação exige investimento, logo, ela deve gerar retorno.

Um erro bastante comum é acreditar que a inovação só acontece se estiver relacionada às tecnologias da informação e comunicação (TICs), pois é possível gerar inovação no produto, serviço, processo, na estrutura organizacional ou no marketing. A inovação pode ser radical quando a forma como o produto ou serviço é percebido pelo consumidor ocasiona uma transformação drástica ou incremental, quando gera pequenas modificações que agregam valor de forma progressiva. Kotler e Keller afirmam que:

> Empresas altamente inovadoras são capazes de identificar e rapidamente agarrar novas oportunidades de mercado. Ao criar uma atitude positiva em relação à inovação e à exposição ao risco, transformam o processo de inovação em algo rotineiro, praticam o trabalho em equipe e permitem que seu pessoal experimente e até falhe (Kotler; Keller, 2018, p. 473).

Para negócios tradicionais gerarem inovação é necessário considerar vários fatores. Empresas que já atuam no mercado podem se basear em sua história para identificar padrões de sucesso e fracasso. É fundamental investir em uma cultura que valorize a experimentação e a aceitação de riscos. A inovação está relacionada a mudanças. Empresas menores podem ser mais ágeis na implantação de mudanças, o que favorece a inovação; por outro lado, empresas grandes tendem a investir mais em pesquisas e desenvolvimento. Estar inserida em um forte ecossistema de inovação melhora as oportunidades de inovação. Nesse contexto, entendemos que as empresas tradicionais podem ter mais dificuldade em gerar inovação do que as startups. E o que é uma startup?

A Lei Complementar nº 182, de 1º de junho de 2021, define: "são enquadradas como startups as organizações empresariais ou societárias, nascentes ou em operação recente, cuja atuação caracteriza-se pela inovação aplicada a modelo de negócios ou a produtos ou serviços ofertados" (Brasil, 2021). Além de conceitualizar as startups, a lei reconhece a inovação como fator preponderante ao desenvolvimento econômico, social e ambiental, versa sobre os instrumentos de investimento em inovação, o fomento às pesquisas, ao desenvolvimento e à inovação e reconhece o papel fundamental que essas empresas desempenham ao gerar empregos e oferecer serviços e produtos inovadores.

Para fomentar a inovação, é essencial que as empresas invistam em ambientes que estimulem a criatividade dos colaboradores, pois esta é a força motriz da inovação. Sampaio (2017) define criatividade como "uma habilidade que gera novidades, incluindo ideias e soluções úteis para resolver problemas e desafios do dia a dia". O estilo e as características criativas de uma pessoa dependem de sua personalidade e são influenciados pelo ambiente ao seu redor. Considerando que a criatividade não é um dom exclusivo, é possível desenvolvê-la, e o estilo criativo de cada colaborador é favorecido por um ambiente que ofereça maiores possibilidades de criação (Martelli, 2021). Portanto, o grande desafio para as empresas modernas é ter colaboradores criativos e proporcionar um ambiente propício para o desenvolvimento da inovação.

★ **IMPORTANTE**

Criar um ambiente agradável e inspirador passa pelos aspectos da estrutura física, como iluminação adequada, plantas, mobiliários confortáveis, flexíveis e de cores vibrantes, espaços de colaboração e objetos de decoração inspiradores. No entanto, ambientes que estimulam a criatividade vão muito além dos aspectos físicos, envolvendo cultura organizacional, diversidade de pensamento, autonomia, flexibilidade, feedback contínuo e construtivo, bem-estar, saúde mental e física, tecnologia, etc.

Planejamento de negócios

Agora que você percorreu o livro todo, está preparado para compreender e, se desejar, iniciar o planejamento de um negócio. Tudo o que vimos até aqui preparou você, leitor, para este momento.

> "Eu tive uma ideia! E agora?"
> "Qual problema eu desejo resolver? Para quem?"
> "Quais soluções minha criação irá oferecer?"
> "Como irei iniciar meu planejamento?"

Muitas perguntas surgem quando pensamos em tirar uma ideia do papel e colocá-la em prática. Muitas também são as ferramentas que contribuem para esse processo. No entanto, é imprescindível realizar um planejamento cuidadoso, ter um olhar sistêmico e holístico para o problema a ser solucionado e entregar uma proposta de valor adequado às necessidades do cliente. Para contribuir com esse processo, indicamos iniciar com o desenvolvimento do Business Model Canvas (BMC) e, na sequência, escrever o modelo de plano de negócios (MPN). Vamos conhecê-los?

Business Model Canvas (BMC)

O Business Model Canvas (BMC), ou canvas para modelo de negócios, foi criado por Alexander Osterwalder e Yves Pigneur no livro *Business model generation* (2011), com a finalidade de criar um mapa visual com blocos de informações necessárias e imprescindíveis para descrever, avaliar e alterar modelos de negócios. É uma ferramenta altamente estratégica que, de forma simples, possibilita a visualização e o desenvolvimento de um modelo de negócio.

O modelo abrange um quadro dividido em nove componentes contendo os seguintes temas: segmento de clientes, proposta de valor, canais, relacionamento com clientes, fontes de receita, recursos principais, atividades-chave, parcerias principais e estrutura de custos. Trata-se de uma ferramenta que contribui para o desenvolvimento do pensamento visual, pois o seu preenchimento é realizado com notas adesivas, desenhos, figuras, infográficos e diagramas, o que traz dinamismo e flexibilidade para sua utilização. Para Osterwalder e Pigneur (2011, p. 148), "o pensamento visual aprimora os questionamentos estratégicos, tornando o abstrato concreto, iluminando as relações entre os elementos e simplificando o que era complexo".

Os autores fazem uma comparação com o cérebro humano ao usar a ferramenta: ao demonstrar que o lado esquerdo do cérebro é responsável pela lógica e o direito pela emoção, fazem um paralelo ao afirmar que, na ferramenta, o lado esquerdo do quadro é responsável pela eficiência e o direito, pelo valor do modelo de negócio. Essa comparação é simplista, sendo ainda importante ressaltar que nosso cérebro é muito mais interconectado e dinâmico do que a divisão sugere. Os dois lados trabalham juntos para a realização das tarefas, e nesse aspecto a metáfora é verdadeira, pois para que o quadro funcione, é necessário que haja interconexão e dinamismo entre todos os componentes. Como já compreendemos um pouco sobre o modelo, vamos conhecê-lo na figura 6.2 (uma versão para impressão está disponível pelo QR code).

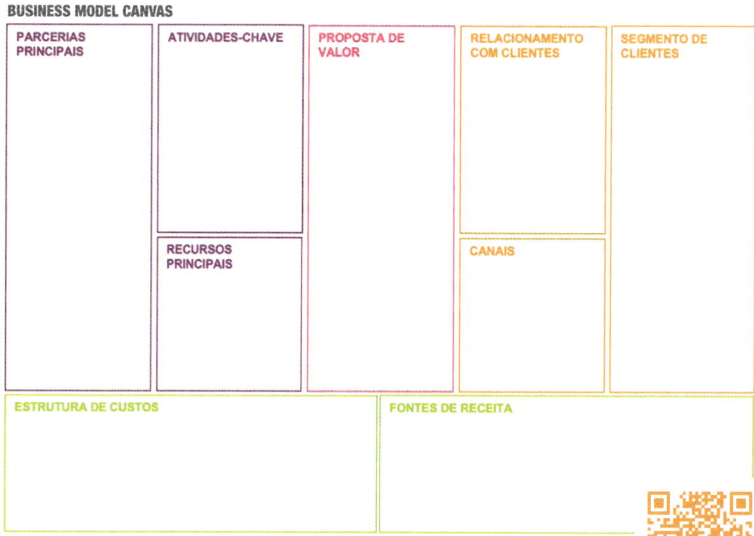

Figura 6.2 – Canvas para modelo de negócio

Fonte: adaptado de Osterwalder e Pigneur (2011).

Na figura 6.3 apresentamos um breve descritivo de como os nove componentes se relacionam e contribuem para o desenvolvimento do pensamento visual. Na sequência, explicamos em detalhes como desenvolver cada componente.

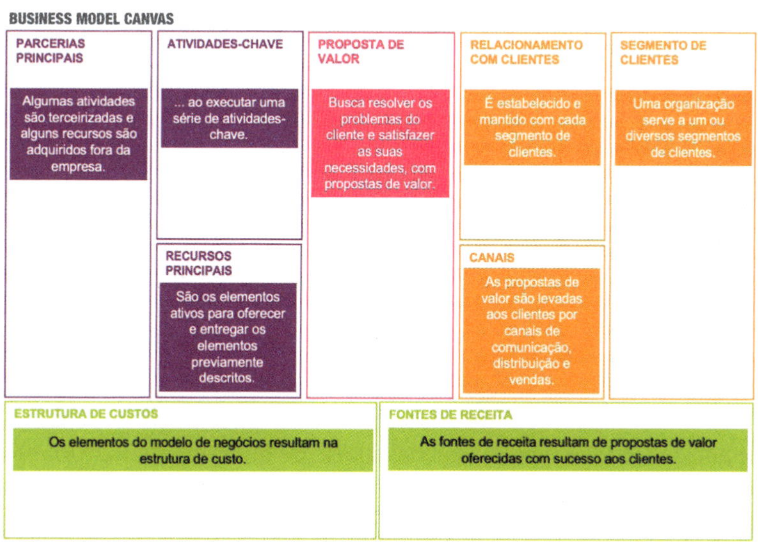

Figura 6.3 – Descritivo dos nove componentes do BMC

Fonte: adaptado de Osterwalder e Pigneur (2011).

Segmento de clientes

Os clientes são o motivo da existência de um negócio, por isso suas dores devem ser consideradas e avaliadas. Não se deve colocá-los todos em uma única estratégia, é preciso segmentar os clientes, ou seja, agrupá-los conforme seus comportamentos, necessidades e atributos em comum. Há diferentes segmentos, como: mercado de massa (não distingue entre diferentes tipos de cliente), nicho de mercado (atende a segmentos específicos), segmentado (faz distinção entre segmentos do mercado), diversificado (atende a clientes diferentes com necessidades diferentes) e mercados multilaterais (atende a vários segmentos).

Cada grupo de clientes ou consumidores tem uma necessidade de ofertas, canais, relacionamento e lucratividade diferentes; até os aspectos que estão dispostos a pagar são diferentes. Para criar um modelo de negócio, é importante se perguntar:

» Quem são nossos clientes?
» Quem são nossos consumidores?
» Para quem estamos criando valor?
» Qual segmento iremos atender?

★ IMPORTANTE

Você sabe a diferença entre clientes e consumidores? Clientes são as pessoas ou entidades que compram o produto ou serviço da empresa, e consumidores são as pessoas que realmente usam ou consomem esse produto ou serviço. Por exemplo: imagine que você tenha um filho de 10 anos que frequenta aulas de inglês em uma escola particular. Nesse caso, quem é o cliente e quem é o consumidor? Você é o cliente, pois paga pelo serviço, e seu filho é o consumidor, que utiliza o serviço.

Para contribuir com esse processo, indicamos a construção do mapa de empatia desenvolvido pela consultoria de design thinking XPLANE. Trata-se de uma ferramenta valiosa que guia para um mergulho profundo nas motivações do cliente e permite refletir sobre o que ele sente, pensa, vê, diz, faz e escuta, quais são suas dores, desejos e necessidades. Para utilizar o mapa de empatia aplicado ao modelo de negócios, é preciso escolher um perfil baseado no segmento de clientes. Na sequência, reunir a equipe e utilizar a técnica do brainstorming para escolher nome, idade, gênero, renda, nível de escolaridade, ocupação, estado civil e o que mais julgarem importante sobre os dados demográficos do cliente. Depois, responder a cada uma das seis perguntas elaboradas na ferramenta.

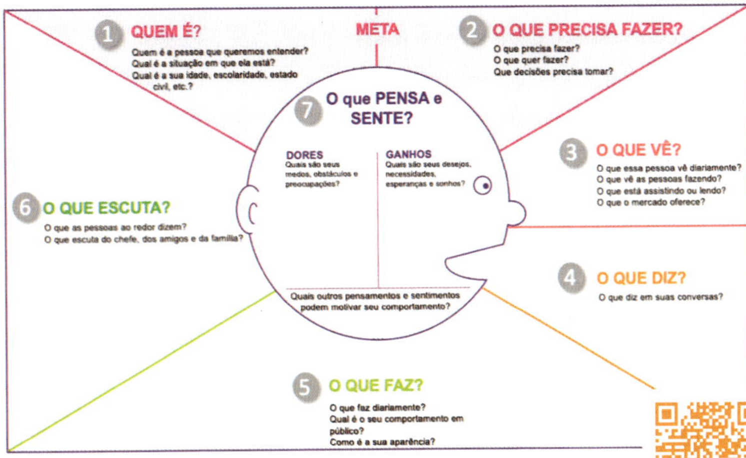

Figura 6.4 – Mapa de empatia

Fonte: adaptado de XPLANE (2024) e Osterwalder e Pigneur (2011).

Proposta de valor

Proposta de valor é o conjunto de benefícios que uma empresa oferece aos seus clientes, tornando o seu produto ou serviço desejável, único e valioso. É, também, uma combinação de elementos que podem ser qualitativos (qualidade, satisfação e adaptação ao cliente) ou quantitativos (preço, eficiência, durabilidade). Para criar uma proposta de valor, é importante se perguntar:

- » Qual dor ou problema será solucionado?
- » Qual será o produto ou serviço comercializado?
- » Que valor entregaremos aos nossos clientes?
- » Quais necessidades dos clientes serão satisfeitas?

Canais

Os canais são as formas que a empresa encontra para comunicar, vender e distribuir seus produtos e/ou serviços aos clientes. Contribui para o conhecimento, avaliação, compra, entrega até o pós-venda do produto e/ou serviço e para a concretização da proposta de valor, fases importantes para garantir que o cliente se sinta satisfeito com o trabalho desempenhado pela empresa. Para definir os canais, é importante se perguntar:

» Quais canais serão utilizados?
» Como esses canais se relacionam com cada segmento de clientes?

Relacionamento com clientes

O tipo de relacionamento que a empresa tem com os diferentes segmentos de clientes influencia diretamente em sua conquista, retenção, satisfação e motivação. O relacionamento pode incluir atendimento personalizado, assistência pessoal, serviços automatizados, entre outros. Para criar um relacionamento com clientes, deve-se perguntar:

» Que tipo de relacionamento nosso cliente espera?
» Nossa relação com o cliente se dará de forma pessoal ou automatizada?
» Como o relacionamento estabelecido complementa nosso modelo de negócios?

Fontes de receita

O dinheiro que entra em uma empresa a partir de cada segmento de clientes é chamado de fonte de receita. Saber exatamente quais são as fontes é fundamental para uma precificação correta. As fontes de receitas podem ser geradas de diversas maneiras: com a venda de recursos (resultado de venda de um produto físico); taxa de uso (quanto mais o serviço é utilizado, mais o cliente paga por ele); taxa de assinatura (venda de acesso contínuo a um serviço); empréstimos, aluguéis e leasing (direito temporário a um recurso); licenciamento (permissão de uso de propriedade intelectual); taxa de corretagem (serviço de intermediação); ou anúncios (taxas de anúncios).

As fontes de receitas podem ter formas diferentes de precificação, podendo ser: precificação fixa (preços definidos); precificação baseada na concorrência (os preços são definidos conforme os preços da concorrência); precificação dinâmica (os preços acompanham as mudanças do mercado); precificação baseada em valor (o preço é definido com base no valor percebido pelo cliente); entre outras.

A combinação entre as fontes de receita e a precificação correta contribui para a solidez do modelo de negócio e para o crescimento da empresa. Algumas perguntas norteadoras para este processo são:

» O que os clientes pagam, atualmente?
» O que estão dispostos a pagar?
» Nossa receita total é composta de quais fontes de receita? Qual contribui mais?

Recursos principais

Para a empresa cumprir com o planejado, precisará comprar, alugar ou contratar alguns recursos principais, sejam físicos (edifício da fábrica, escritório ou armazéns, equipamentos e tecnologia), financeiros (capital inicial, empréstimos e financiamentos), intelectuais (conhecimento específico e particular, patentes e registros) ou humanos (pessoas que trabalham na empresa).

» Quais recursos principais nossa proposta de valor necessita?
» Quais recursos principais nossos canais de distribuição necessitam?
» Quais recursos principais nosso relacionamento com o cliente necessita?
» Quais recursos principais nossas fontes de receita necessitam?

Atividades-chave

Atividades-chave são as ações mais importantes a serem realizadas para efetivar o modelo de negócio e criar uma proposta de valor alinhada com as expectativas dos clientes e do mercado, bem como para manter um relacionamento com o cliente e gerar fontes de receita. Podem ser categorizadas em: produção (desenvolvimento, fabricação e entrega de produtos); resolução de problemas (soluções a problemas específicos); ou plataforma/rede (negócios projetados para funcionar em plataformas ou redes).

- Quais atividades-chave nossa proposta de valor necessita?
- Quais atividades-chave nossos canais de distribuição necessitam?
- Quais atividades-chave nosso relacionamento com o cliente necessita?
- Quais atividades-chave nossas fontes de receita necessitam?

Parcerias principais

Para o negócio prosperar, é necessário estabelecer parcerias de sucesso, que podem incluir, mas não exaurir, os fornecedores, distribuidores, concorrentes, instituições de pesquisa, entre outros. Assim, será possível criar valor adicional para ambas as partes. Para o crescimento sustentável da empresa e efetivação das parcerias principais do modelo de negócio, é necessário se questionar:

- Quais parcerias principais nossa proposta de valor necessita?
- Quem são nossos parceiros principais?
- Quais atividades-chave os parceiros executam?

Estrutura de custo

No último bloco serão descritos todos os custos relacionados à operação do modelo de negócios. A viabilidade financeira depende dessas análises. As estruturas de custo incluem os custos fixos (aluguel, salários dos funcionários, manutenção, seguros, entre outros); custos variáveis (matérias-primas, comissões de vendas, envio e logística); economias de escala (compras em grande volume, igual à vantagem de custos); e economia de escopo (variedade de produção ou atividades utilizando os mesmos recursos).

- Quais são os custos envolvidos no modelo de negócio?
- Quais custos são mais onerosos?
- Quais são os custos das atividades-chave?

Como utilizar a ferramenta

Para o preenchimento do BMC, indicamos que seja impresso em folhas tamanho A0. Caso não possa imprimi-lo, faça o desenho em uma cartolina ou folha de flipchart e coloque-a em uma parede. Tenha em mãos canetas coloridas e notas adesivas. Reúna sua equipe e desenhe seu modelo de negócio seguindo a ordem dos componentes, conforme a figura 6.5. Ao finalizar o preenchimento de todos os blocos de componentes é importante fazer uma leitura e análise completa. Caso sinta necessidade de alterar algo, fique à vontade, essa ferramenta possibilita interação e melhoria contínua, então revise e atualize seu modelo de negócios sempre que possível. Dessa forma, ele será um documento vivo e estará atualizado de acordo com os objetivos e as estratégias do negócio.

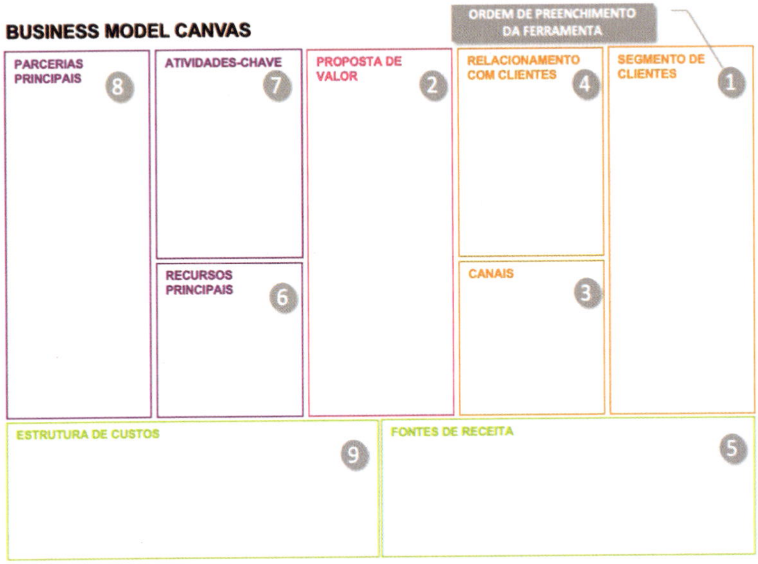

Figura 6.5 – Ordem de preenchimento dos componentes
Fonte: adaptado de Osterwalder e Pigneur (2011).

Para analisar cada bloco do modelo de negócios, você pode fazer o uso da matriz SWOT, que novamente se apresenta como uma ferramenta importante para a gestão, organização e análise de informações, muito eficiente quando aliada ao modelo de negócios. Como vimos no capítulo 2 deste livro, a matriz SWOT parte das seguintes questões: quais são as maiores forças e fraquezas de sua empresa; quais oportunidades sua organização tem; e quais ameaças ela enfrenta. Suas respostas irão oferecer uma base para outros questionamentos e decisões para a inovação no modelo de negócios. Segundo os criadores do BMC:

> Realizar uma análise SWOT estruturada de seu modelo de negócios traz dois resultados. Ela fornece um retrato de onde você está agora (forças e fraquezas) e sugere algumas trajetórias futuras (oportunidades e ameaças). Esse feedback é valioso e pode ajudar você a projetar novas opções de modelo de negócios para as quais sua empresa pode evoluir. A análise SWOT é, dessa forma, uma etapa importante tanto da etapa de protótipos de modelos de negócios quanto da efetiva geração de um novo modelo a ser implementado (Osterwalder; Pigneur, 2011, p. 224).

Com a finalização de todas essas etapas, seguimos agora para o desenvolvimento do modelo de plano de negócios.

Estrutura do plano de negócios

O plano de negócios é um documento escrito de forma detalhada que contribui estrategicamente para a empresa alcançar seus objetivos e minimizar os riscos e as incertezas do negócio. Ele é útil tanto para empresas que ainda estão na fase de concepção quanto para a reestruturação de negócios já estabelecidos, abertura de novas unidades ou filiais, servindo como um direcionador para o empreendedor na condução dos negócios. É possível encontrar dezenas de modelos de plano de negócios; cada autor dispõe os componentes de uma forma, alguns mais complexos e detalhados, outros mais básicos e simplificados. Neste livro, propomos um modelo exclusivo e completo que engloba conteúdos de todos os capítulos vistos até aqui. Independentemente do modelo que você escolher, o importante é montá-lo, pois ele trará mais segurança a sua jornada empreendedora.

Segue no quadro 6.4 a estrutura do plano de negócios e o capítulo desta obra em que você encontrará as informações para subsidiar a sua escrita.

Quadro 6.4 – Estrutura do plano de negócios

Onde encontrar	Estrutura do plano de negócios
Capítulo 1 – Introdução à administração	Apresentação e descrição da empresa.
Capítulo 2 – Administração estratégica	Planejamento estratégico.
Capítulo 3 – Administração de projetos	Planejamento do produto, serviço e/ou resultado único.
Capítulo 4 – Áreas da administração	Planejamento dos recursos humanos.
	Planejamento logístico.
	Planejamento financeiro.
	Planejamento de marketing.
	Planejamento comercial.
Capítulo 5 – Gestão da qualidade	Planejamento da qualidade.

Ressaltamos que este capítulo 6, embora não esteja inserido na estrutura apresentada no quadro 6.4, é parte fundamental para a elaboração do plano de negócios, representando a fase de planejamento do negócio, na qual devem ser desenvolvidas as seguintes atividades:

- Business Model Canvas;
- Modelo de plano de negócios;
- Definição de todos os componentes;
- Definição do cronograma;
- Avaliação e validação do plano.

Na sequência, descrevemos em tópicos um roteiro para cada componente do modelo de plano de negócios.

Apresentação e descrição da empresa

- Breve descrição da empresa;
- tamanho e natureza jurídica;
- descrição da oportunidade de negócio;
- funções, atividades e departamentos;
- níveis de tomada de decisão.

Planejamento estratégico

- Propósito, missão, visão e valores;
- objetivos de longo prazo;
- análise do ambiente de negócios;
- planos de ação;
- indicadores de desempenho;
- environmental, social and governance (ESG).

Planejamento do produto, serviço e/ou resultado único

- Administração de projetos para desenvolvimento de produto, serviço e/ou resultado único;
- abordagem de desenvolvimento de projetos;
- ciclo de vida do projeto.

Planejamento dos recursos humanos

- Recursos humanos necessários;
- gestão humanizada;
- diversidade e inclusão.

Planejamento logístico

- Processos logísticos;
- processos relacionados aos pedidos;
- gerenciamento de transporte;
- gestão dos estoques;
- armazenagem;
- movimentação dos materiais;
- embalagem;
- compras;
- abastecer a produção;
- sistema de informação;
- cadeia de suprimentos;
- logística reversa.

Planejamento financeiro

- Subáreas de finanças;
- faturamento;
- tesouraria;
- contas a receber;
- contas a pagar;
- contabilidade;
- fiscal;
- orçamento.

Planejamento de marketing

- Conceitos centrais de marketing;
- necessidades, desejos e demanda;
- mercado;
- mercados-alvo, posicionamento e segmentação;
- valor e satisfação;
- ofertas e marcas;
- canais de marketing;
- mídia paga, conteúdo próprio e mídia orgânica;
- impressões e engajamento;
- cadeia de suprimentos;
- concorrência;
- ambiente de marketing;
- mix de marketing.

Planejamento comercial

- Vendas;
- tipos de venda;
- processo de vendas;
- canais de vendas;
- atendimento inclusivo.

Planejamento da qualidade

- Mapeamento de processos;
- sistemas de gestão da qualidade;
- certificações.

Para facilitar o desenvolvimento do plano de negócios, apresentamos no quadro 6.5, um modelo de cronograma para acompanhamento, que poderá ser encontrado no QR code. Nesse modelo estão todos os componentes, a data de início, término e a situação do componente.

Quadro 6.5 – Cronograma do plano de negócios

Componentes do modelo de plano de negócios	Data de início	Data de término	Situação (a fazer | fazendo | feito)
1. Apresentação e descrição da empresa			
Breve descrição da empresa			
Tamanho e natureza jurídica			
Descrição da oportunidade de negócio			
Funções, atividades e departamentos			
Níveis de tomada de decisão			
2. Planejamento estratégico			
Propósito, missão, visão e valores			
Objetivos de longo prazo			
Análise do ambiente de negócios			
Planos de ação			
Indicadores de desempenho			
Environmental, Social and Governance – ESG			
3. Planejamento do produto, serviço e/ou resultado único			
Administração de projetos para desenvolvimento de produto, serviço e/ou resultado único			
Abordagem de desenvolvimento de projetos			
Ciclo de vida do projeto			
4. Planejamento dos recursos humanos			
Recursos humanos necessários			
Gestão humanizada			
Diversidade e inclusão			
5. Planejamento logístico			
Processos logístico			
Processos relacionados aos pedidos			
Gerenciamento de transporte			
Gestão dos estoques			
Armazenagem			
Movimentação dos Materiais			
Embalagem			

(*cont.*)

Compras

Abastecer a produção

Sistema de informação

Cadeia de suprimentos

Logística reversa

6. Planejamento financeiro

Subáreas de finanças

Faturamento

Tesouraria

Contas a receber

Contas a pagar

Contabilidade

Fiscal

Orçamento

7. Planejamento de Marketing

Conceitos centrais de marketing

Necessidades, desejos e demanda

Mercado

Mercados-alvo, posicionamento e segmentação

Valor e satisfação

Ofertas e marcas

Canais de marketing

Mídia paga, conteúdo próprio e mídia orgânica

Impressões e engajamento

Cadeia de suprimentos

Concorrência

Ambiente de marketing

Mix de marketing

8. Planejamento comercial

Vendas

Tipos de venda

Processo de vendas

Canais de vendas

Atendimento inclusivo

9. Planejamento da qualidade

Mapeamento de processos

Sistemas de gestão da qualidade

Certificações

☛ Arrematando as ideias

Ao longo deste capítulo, abordamos diversos aspectos do empreendedorismo, destacando a importância da atitude empreendedora e as características que definem um perfil empreendedor. Vimos como os empreendedores podem ser classificados conforme suas motivações e abordagens, seja por necessidade ou por oportunidade, e examinamos diferentes tipos de empreendedor, como os sociais, artesãos, culturais, corporativos e digitais. Analisamos o ecossistema empreendedor e abordamos a inovação e a criatividade como elementos centrais para a transformação de ideias em realidade, e discutimos a importância do planejamento de negócios detalhado, utilizando ferramentas como o Business Model Canvas, mapa da empatia e o modelo de plano de negócios para estruturar uma empresa.

Compreender e aplicar esses conceitos é fundamental para qualquer aspirante a empreendedor ou para aqueles que já estão no campo, buscando expandir e melhorar seus empreendimentos. Empreendedorismo não é apenas iniciar um negócio: trata-se de transformar ideias em impacto real e positivo, tanto econômica quanto socialmente. A capacidade de inovar, planejar cuidadosamente e compreender o ecossistema ao redor pode fazer a diferença entre o sucesso e o fracasso.

Esperamos que este livro tenha fornecido os insights e as ferramentas necessárias para você navegar com sucesso no mundo da administração e do empreendedorismo. Lembre-se de que cada desafio é uma oportunidade disfarçada e que a resiliência, a criatividade e a visão são seus maiores aliados nessa jornada.

Ao concluir esta leitura, encorajamos você a aplicar os conhecimentos adquiridos, buscar constantemente novas oportunidades e contribuir de forma significativa para o desenvolvimento econômico e social. O mundo precisa de empreendedores visionários e inovadores como você!

Referências

ABREU, F. S. Reengenharia – em busca de uma teoria. **RAE – Revista de Administração de Empresas**, São Paulo, v. 34, n. 5, p. 49-61, 1994. Disponível em: https://periodicos.fgv.br/rae/article/view/38326. Acesso em: 28 jun. 2024.

ALBUQUERQUE, A. F. *et al.* Existem semelhanças entre as características do empreendedor social e do empreendedor privado? **Revista da Micro e Pequena Empresa**, v. 15, n. 1, 2021, p. 41-55. Disponível em: https://dialnet.unirioja.es/servlet/articulo?codigo=8040977. Acesso em: 14 nov. 2024.

ALMEIDA, B. S. C. **Gestão da cadeia de suprimentos**. São Paulo: Editora Senac São Paulo, 2022.

ALVES, A. **Gestão de dados e curadoria**. São Paulo: Editora Senac São Paulo, 2021.

ALVES, L. *et al.* Eliminação de não conformidades de segurança em uma mineradora por meio das ferramentas do lean manufacturing. **Brazilian Journal of Production Engineering**, v. 10, n. 1, 127-146. Disponível em: https://doi.org/10.47456/bjpe.v10i1.42929. Acesso em: 17 nov. 2024.

ASSOCIAÇÃO BRASILEIRA DE NORMAS TÉCNICAS (ABNT). **ABNT NBR ISO 9000:2015** – Sistemas de gestão da qualidade fundamentos e vocabulário. Rio de Janeiro: ABNT, 2015.

BALLESTERO-ALVAREZ, M. E. **Gestão da qualidade, produção e operações**. São Paulo: Atlas, 2019.

BARNEY, J. B.; HESTERLY, W. S. **Administração estratégica e vantagem competitiva**. São Paulo: Pearson Prentice Hall, 2007.

BRAGA, G. G.; FERRAZ, S. F. S.; LIMA, T. C. B. Cultura organizacional em empresas industriais: um estudo nas maiores empresas de Maracanaú/CE. **Revista Eletrônica de Ciência Administrativa (RECADM)**, v. 13, n. 2, p. 250-266, maio-ago. 2014.

BRASIL. Ministério do Desenvolvimento, Indústria, Comércio e Serviços. Ministério lança plataforma de acompanhamento do comércio eletrônico. **Gov.br**, 2023. Disponível em: https://www.gov.br/mdic/pt-br/assuntos/noticias/2023/maio/em-3-anos-e-commerce-no-pais-movimentou-quase-meio-trilhao-de-reais-1. Acesso em: 22 nov. 2024.

BRASIL. Presidência da República. **Lei Complementar nº 182, de 1º de junho de 2021**. Institui o marco legal das startups e do empreendedorismo inovador; e altera a Lei nº 6.404, de 15 de dezembro de 1976, e a Lei Complementar nº 123, de 14 de dezembro de 2006. Brasília, DF: Presidência da República, 2021. Disponível em: https://www.planalto.gov.br/ccivil_03/leis/lcp/lcp182.htm. Acesso em: 03 dez. 2024.

BRASIL. Presidência da República. **Lei nº 13.709, de 14 de agosto de 2018**. Lei Geral de Proteção de Dados Pessoais (LGPD). Brasília, DF: Presidência da República, 2018. Disponível em: https://www.planalto.gov.br/ccivil_03/_ato2015-2018/2018/lei/l13709.htm. Acesso em: 27 ago. 2024.

CAMPOS, V. F. **TQC**: controle da qualidade total no estilo japonês. Nova Lima, MG: Falconi, 2004.

CARVALHO, L. **Administração estratégica**. São Paulo: Editora Senac São Paulo, 2016.

CARVALHO, L. M. C.; VIANA, A. B.; MANTOVANI, D. M. N. O papel da FAPESP no ecossistema empreendedor do Estado de São Paulo. **Revista de Administração, Contabilidade e Economia da FUNDACE (Racef)**, v. 7, mar. 2016. Disponível em: https://edisciplinas.usp.br/pluginfile.php/4908044/mod_resource/content/1/Artigo.pei11.pdf. Acesso em: 23 nov. 2024.

CHIAVENATO, I. **Administração**: teoria, processo e prática. 4. ed. Rio de Janeiro: Elsevier, 2007.

CHIAVENATO, I. **Introdução à teoria geral da administração**: uma visão abrangente da moderna administração das organizações. 7. ed. Rio de Janeiro: Elsevier, 2003.

CHIAVENATO, I. **Introdução à teoria geral da administração**. 9. ed. São Paulo: Manole, 2014.

CHIAVENATO, I. **Gestão de pessoas**. 3. ed. Rio de Janeiro: Elsevier, 2010.

CHOPRA, S.; MEINDL, P. **Gerenciamento da cadeia de suprimentos**: estratégia, planejamento e operações. São Paulo: Prentice Hall, 2003.

COSTA JÚNIOR, R. A.; NUNES, T. S. O impacto da transformação ágil na cultura organizacional: das práticas e valores organizacionais a gestão da mudança. **Perspectivas em Ciência da Informação**, v. 28, Fluxo Contínuo, 2023. Disponível em: https://www.scielo.br/j/pci/a/P7Bp6tdMHkw98mHFBZf9wXN/?lang=pt. Acesso em: 16. ago. 2024.

CUNHA, C. L. **ESG**: integrar para transformar. São Paulo: Editora Senac São Paulo, 2023.

CURSOS do Serpro oferecem oportunidade de atualização à LGPD. **Serpro**, 2024. Disponível em: https://www.serpro.gov.br/lgpd/noticias/2024/cursos-do-serpro-oferecem-oportunidade-de-atualizacao-a-lgpd. Acesso em: 26 ago. 2024.

DORAN, G. T. There's a S.M.A.R.T. way to write management's goals and objectives. **Management Review**, v. 70, n. 11, p. 35, 1981. Disponível em: https://community.mis.temple.edu/mis0855002fall2015/files/2015/10/S.M.A.R.T-Way-Management-Review.pdf. Acesso em: 8 set. 2024.

DUTRA, I. S.; PREVIDELLI, J. J. **O perfil empreendedor e a mortalidade de micro e pequenas empresas londrinenses.** 2002. Dissertação (Mestrado em Administração). Universidade Estadual de Maringá e Universidade Estadual de Londrina consorciada, Maringá/Londrina, 2002.

ESG: entenda o significado da sigla ESG (ambiental, social e governança) e saiba como inserir esses princípios no dia a dia de sua empresa. **Pacto Global Rede Brasil**, 2024. Disponível em: https://www.pactoglobal.org.br/esg/. Acesso em: 4 out. 2024.

ESG radar 2023. **Infosys**, 2023. Disponível em: https://www.infosys.com/about/esg/insights/esg-radar-report.html. Acesso em: 04. out. 2024.

FARAGO, F. E.; BORINI, F. M.; GOMES, L. A. V. Gestão de ecossistemas de negócios: uma visão baseada em capacidades. **Cadernos EBAPE.BR**, v. 21, n. 5, p. e2022–0306, 2023. Disponível em: https://periodicos.fgv.br/cadernosebape/article/view/90020. Acesso em: 28 set. 2024.

FILION, L. J. Empreendedorismo: empreendedores e proprietários-gerentes de pequenos negócios. São Paulo, **Revista de Administração**, v. 34, n. 2, p. 5-28, abril/junho 1999.

FINOCCHIO JUNIOR, J. **Project Model Canvas**: gerenciamento de projetos sem burocracia. Rio de Janeiro: Elsevier, 2013.

FONTANA, C. G. C.; THIMÓTEO, A. C. A. **Empreendedorismo e inovação**. São Paulo: Editora Senac São Paulo, 2020.

GIL, A. C. **Gestão de pessoas**: enfoque nos papéis estratégicos. 2. ed. São Paulo: Atlas, 2019.

GLOBAL ENTREPRENEURSHIP MONITOR (GEM). Empreendedorismo no Brasil. **Data Sebrae**, 2024. Disponível em: https://datasebrae.com.br/wp-content/uploads/2024/09/Livro-BR-2023-2024-vF-Web-comprimido-1.pdf. Acesso em: 17 nov. 2024.

HASHIMOTO, M. **Espírito empreendedor nas organizações**. 3. ed. São Paulo: Editora Saraiva, 2013.

HILSDORF, C. **Atitudes empreendedoras**: como transformar sonhos em realidade e fazer seu projeto de vida acontecer. São Paulo: Portfolio-Penguin, 2015.

IMAI, M. **Kaizen**: a estratégia para o sucesso competitivo. Tradução: Cecília Fagnani Lucca. 3. ed. São Paulo: IMAM, 1999.

INDRIUNAS, L. **Diversidade, ESG e relacionamento com stakeholders**. São Paulo: Editora Senac São Paulo, 2023.

INFOGRÁFICO Lei Geral de Proteção de Dados Pessoais em um giro. **Serpro**, 2020. Disponível em: https://www.serpro.gov.br/lgpd/menu/arquivos/infografico-lgpd-em-um-giro/view. Acesso em: 26 ago. 2024.

ISENBERG, D. How to start an entrepreneurial revolution. **Harvard Business Review**, v. 88, n. 6, 2010, p. 40-51. Disponível em: https://hbr.org/2010/06/the-big-idea-how-to-start-an-entrepreneurial-revolution. Acesso em: 19 dez. 2024.

KOTLER, P.; KELLER, K. L. **Administração de marketing**. 15. ed. São Paulo: Pearson Education do Brasil, 2018.

KUBICA, F.; CARVALHO, L. S. P. **Básico em administração**. São Paulo: Editora Senac São Paulo, 2013.

KWASNICKA, E. L. **Introdução à administração**. 6. ed. São Paulo: Atlas, 2015.

LANGHI, C. **Planejamento estratégico em educação a distância**. São Paulo: Editora Senac São Paulo, 2021.

LIMA, F. **Tópicos avançados de gestão comercial**. São Paulo: Editora Senac São Paulo, 2020.

MALHEIRO, L. **Administração estratégia**: modelos, inovação e desempenho. São Paulo: Editora Senac São Paulo, 2022.

MARTELLI, M. M. Assunção. **Inovação e criatividade**. São Paulo: Editora Senac São Paulo, 2021.

MASLOW, A. H. A theory of human motivation. **Psychological Review**, v. 50, n. 4, p. 370-396, 1943.

MAXIMIANO, A. C. A. **Administração para empreendedores**. 2. ed. São Paulo: Pearson Prentice Hall, 2011.

MCCLELLAND, C. **Human motivation**. Cambridge: Cambridge University Press, 1987.

MCCLELLAND, D. C. **The achieving society**. New York: D. Van Nostrand Company Inc., 1961.

MONTANA, P. J.; CHARNOV, B. **Administração**. 3. ed. São Paulo: Saraiva, 2010.

MOTTA, F. C. P.; VASCONCELOS, I. F. G. **Teoria geral da administração**. 3. ed. São Paulo: Cengage Learning, 2013.

NAKAGAWA, M. **Empreendedorismo**: elabore seu plano de negócio e faça a diferença. 2. ed. São Paulo: Editora Senac São Paulo, 2018.

NAVAJAS, P. F.; TONINI, A. C. **Gerenciamento de projetos**. São Paulo: Editora Senac São Paulo, 2021.

OLIVEIRA, D. H. Intraempreendedorismo: a liderança como fator de desenvolvimento do perfil empreendedor na organização. **Revista Científica Pro Homine**, v. 6, n. 3, p. 45-66, 6 nov. 2024. Disponível em: https://rcph.unilavras.edu.br/index.php/PH/article/view/132. Acesso em: 20 nov. 2024.

OLIVEIRA, M. A. **Logística empresarial**. São Paulo: Editora Senac São Paulo, 2023.

OSTERWALDER, A.; PIGNEUR, Y. **Business model generation**: inovação em modelos de negócios. Rio de Janeiro: Alta Books, 2011.

PEREIRA, C. O ESG é uma preocupação que está tirando seu sono? Calma, nada mudou. **Exame**, 2020. Disponível em: https://exame.com/colunistas/carlo-pereira/esg-o-que-e-como-adotar-e-qual-e-a-relacao-com-a-sustentabilidade/. Acesso em: 4 out. 2024.

PORTER, M. E. **Estratégia competitiva**: técnicas para análise de indústrias e da concorrência. São Paulo: Campus, 2004.

PROJECT MANAGEMENT INSTITUTE (PMI). Um guia do conhecimento em gerenciamento de projetos (Guia PMBOK®). 5. ed. Pensilvânia: Project Management Institute, 2012.

PROJECT MANAGEMENT INSTITUTE (PMI). Um guia do conhecimento em gerenciamento de projetos (Guia PMBOK®). 6. ed. Pensilvânia: Project Management Institute, 2017.

PROJECT MANAGEMENT INSTITUTE (PMI). Um guia do conhecimento em gerenciamento de projetos e o padrão de gerenciamento de projetos (Guia PMBOK®). 7. ed. Pensilvânia: Project Management Institute, 2021.

RATTO, L. **Vendas**: técnicas de trabalho e mercado. São Paulo: Editora Senac São Paulo, 2019.

ROSSI, C. V. **Administração estratégica**: modelos de mapeamento e processos de implementação. São Paulo: Editora Senac São Paulo, 2020.

RUSCHEL, A. A. L. **Gerência de projetos alinhada ao PMI**: revisado para PMBOK. 7. ed. São Paulo: Editora Senac São Paulo, 2023.

SALGADO, T. T. **Logística**: práticas, técnicas e processos de melhorias. 4. ed. São Paulo: Editora Senac São Paulo, 2023.

SAMPAIO, M. **Atitude empreendedora**: descubra com Alice seu país das maravilhas. São Paulo: Editora Senac São Paulo, 2017. *E-book*.

SAMPAIO, M. **Empreender na maturidade**: reinvente-se. São Paulo: Editora Senac São Paulo, 2020. *E-book*.

SAUSEN, J. F. C. L. et al. Gestão humanizada aplicada aos princípios e práticas cooperativistas: estudo de caso em uma agência Sicredi. **Desenvolvimento Regional em Debate**, [S. l.], v. 9, p. 563–582, 2019. Disponível em: https://www.redalyc.org/journal/5708/570864255030/570864255030.pdf. Acesso em: 10 out. 2024..

SCHEIN, E. H. **Cultura organizacional e liderança**. São Paulo: Atlas, 2009.

SCHMIDT, S.; BOHNENBERGER, M. C. Perfil empreendedor e desempenho organizacional. **Revista de Administração Contemporânea**, v. 13, n. 3, p. 450-467, 2009.

SCHUMPETER, J. A. **Capitalism, socialism, and democracy**. New York: Harper & Brothers, 1942.

SHUKER, T.; TAPPING, D. **Lean office**: gerenciamento do fluxo de valor. São Paulo: Hemus, 2010.

SILVA FILHO, L. V. **Fundamentos e ferramentas da gestão da qualidade**. São Paulo: Editora Senac São Paulo, 2022.

SILVA, L. A. V. *et al.* A economia criativa na Paraíba: um olhar a partir do emprego e renda nos municípios do estado. **Interfaces Científicas-Humanas e Sociais**, v. 12, n. 2, p. 245-264, 2024. Disponível em: https://periodicos.set.edu.br/humanas/article/view/12278. Acesso em: 19 dez. 2024.

SILVEIRA, M. B.; SANCHES, C. Formação empreendedora: análise das características empreendedoras entre os estudantes do ensino técnico. **RTA – Revista de Tecnologia Aplicada**, v. 6, n. 3, 2017. Disponível em: https://www.cc.faccamp.br/ojs-2.4.8-2/index.php/RTA/article/view/1126. Acesso em: 5 dez. 2024.

SOBRE o pacto global da ONU. **United Nations Global Compat**, 2024. Disponível em: https://unglobalcompact.org/about. Acesso em: 4 out. 2024.

SOLER, A. M. **Abordagens ágeis para projetos e processos**. São Paulo: Editora Senac São Paulo, 2022.

SOUZA, E. C. L. Empreendedorismo: da gênese à contemporaneidade. *In*: SOUZA, E. C. L.; GUIMARÃES, T. A. **Empreendedorismo além do plano de negócios**. São Paulo: Atlas, 2005.

STAM, E.; VAN DE VEN, A. Entrepreneurial ecosystem elements. **Small Bus Econ**, v. 56, p. 809-832, 2021. Disponível em: https://doi.org/10.1007/s11187-019-00270-6. Acesso em: 24 nov. 2024.

TONINI, A. C. **Gestão da qualidade em projetos**. São Paulo: Editora Senac São Paulo, 2023.

VICENTIN, L. F. **Práticas de gerenciamento de projetos**. São Paulo: Editora Senac São Paulo, 2023.

UENO, J. T. **Sistema de gestão da qualidade ISO 9001**. São Paulo: Editora Senac São Paulo, 2021.

WERKEMA, C. **Ferramentas estatísticas básicas para o gerenciamento de processos**. Belo Horizonte: Fundação Cristiano Ottoni, 1995.

WILDAUER, E. W. **Plano de negócios**: elementos constitutivos e processo de elaboração. Curitiba: InterSaberes, 2013.

WIRTZ, J.; LOVELOCK, C.; HEMZO, M. A. **Marketing de serviços**: pessoas, tecnologia e estratégia. 5. ed. São Paulo: Pearson, 2006.

XPLANE. Empathy Map. **Xplane**, 2023. Disponível em: https://xplane.com/worksheet/empathy-map-worksheet/. Acesso em: 5 dez. 2024.